イキイキさせ屋

増収増益を続ける会社のビジネスモデル

ダイキチカバーオール株式会社
代表取締役社長
小田吉彦 著

出版文化社

はじめに

私はダイキチカバーオール株式会社という会社の代表取締役を務めています。

ダイキチカバーオールは、ビルや各種施設の清掃業務を請け負うフランチャイズチェーン（以下、ＦＣ）を展開する会社です。２０１６年3月末現在、大阪府下を中心とした関西エリアに６２５名の加盟事業者を数えます。

そのような会社を経営している私が本書を書こうと思ったのはなぜか。

それは、わが社ダイキチカバーオールのＦＣが、今後のＦＣの新しいビジネスモデルになり得るものであり、皆様にそれを紹介したいと思ったからです。日本の既存のＦＣ市場はすでに成熟していますが、その市場において、新しいＦＣモデルは次世代の領域を切り開くものと私は考えています。その画期的な仕組み、利点をこれから伝えていきたいと思います。

詳しくは本書をじっくりお読みいただきたいのですが、はじめに、既存のＦＣといかに異なるかを紹介しておきたいと思います。

新しいFCモデルの特長は大きく3点あります。

特長①
加盟事業者であるオーナーさんが営業活動を一切しなくてよい「製販分離」のFCモデルであること。

一般的なFCとは違った**「製販分離」のモデル**となっていることが、第一の大きな特長です。実際、ダイキチカバーオールのFCでは、営業活動はすべて本部が行い、オーナーさんは清掃業務に専念していただいています。

特長②
本部とオーナーさんが理念を共有し、利他の心をもって、Win-Winの関係

を築いたＦＣモデルであること。

もちろん、どんなＦＣでも本部と加盟店が「Ｗｉｎ－Ｗｉｎの関係を目指す」とうたっていることでしょう。また、そのために用意周到な契約を取り交わしていると思いますが、それでも本部と加盟店の利害が対立してしまうケースが多々あります。実際、本部と加盟店の対立が深刻なトラブルに発展したという話は、残念ながら絶えず耳にします。その点、この新しいＦＣモデルでは本部とオーナーさんが真の運命共同体として共に発展できるよう、理念の共有に力を置いています。

特長③
オーナーさんの「利益」を追求するだけでなく、「生きがい」を提供するＦＣモデルであること。

特長③は、②と深くかかわるのですが、新しいＦＣモデルは、オーナーさんの

「利益」を追求するだけでなく、「生きがい」の提供にも注力しています。ダイキチカバーオールでは、**自社のFC事業を「生きがい提供業」と規定しています。**

「利益」は誰にとっても同じものですが、「生きがい」は人によって千差万別です。そのため、ダイキチカバーオールの場合、オーナーさん全員が標準的なパッケージシステムで画一的な事業展開をしているわけではありません。一人ひとりの「生きがい」を実現するために、ダイキチカバーオールのFC以外に別の事業展開することを認めています。この点も、他のFCには見られない非常にユニークな点だといえるでしょう。

これら3つの特長がいずれも「絵に描いた餅」で終わっていない証拠に、おかげさまでダイキチカバーオールは小規模ながらも急速に発展してきました。この経験と実績を体系立ててご説明しようというのが本書のねらいです。

既存のFCに加盟しているオーナーさんも、これから加盟しようと考えている方々にも、お役に立つ内容となっています。また、将来ダイキチカバーオールのライバルになるかもしれない他のFC経営者にとっても、今後の事業展開を考える上で参考にしていただけるものと自負しています。本書が日本のFCビジネスのさらなる発展の一助となれば、幸いです。

本書は、全5章構成となっています。

第1章では、アメリカで始まったFCの歴史を振り返りながら、「製販分離」のモデルが、実はFCの本来の姿であることを解説します。

第2章では、新しいFCモデルが、実際にどのようにして生まれ、育ってきたのか、その歩みを紹介します。これはちょうど、私が社会人として働き出してから、代表取締役を務める現在までの人生と重なります。したがって、第2章は私の半生記にもなっています。

第3章では、先に挙げました3つの特長を実現するために、ダイキチカバーオールのFCがどのような理念と仕組みのもとに運営されているか、具体的に紹介していきます。

「製販分離」のモデルのもとに、オーナーさんに「生きがい」をもって事業を進めていただくためには、当然ながら本部が大きな役割を果たさなければなりません。

そこで第4章では、本部の仕組みや、そこで働く本部社員たちの働きぶりを紹介します。

そして、最後の第5章では、今後のビジョンを紹介させていただきます。ダイキチカバーオールが取り組んでいる新しいFCモデルはまだ完成品ではありません。今後も、試行錯誤しながら、よりよいあり方を追求し続けることが求められています。

なお、各章の最後に、独自に事業展開している5名のオーナーさんを紹介するコラム記事を掲載しました。積極的に多角化を進めているオーナーさんから、夫婦二人の生活費を確保しながらマイペースで人生を謳歌するオーナーさんまで、さまざまな働き方、生き方をされている方々を見ていただければ、新しいFCモデルのユニークさをリアルに感じていただけると思います。

それでは、FCビジネスの新しい理念とモデルを学ぶ世界に、一歩足を踏み入れてみてください。

目次

第1章

FCビジネスの歴史――「製販分離」はFCの原点

注目を集めるオンリーワンのＦＣモデル

一般社団法人日本フランチャイズチェーン協会（ＪＦＡ）の統計調査報告によると、２０１４年度の日本国内のＦＣビジネスの市場規模は約24兆円で、リーマン・ショックの影響が一段落してから、その規模は5年連続で拡大しています。また、同年度のＦＣビジネスの国内総店舗数（直営店と加盟店の合計）は約26万店舗で、こちらも6年連続で増加しています。

もちろん、このＪＦＡの報告を待つまでもなく、日本においてＦＣビジネスが今や一大産業であることは明らかです。

ちなみに、同調査報告では業種別の市場規模も示されており、小売業全体で17兆円（うち、コンビニエンスストア10兆円）、外食業4兆円、サービス業3兆円となっています。

また、少し古い資料ですが、帝国データバンクの２００６年度の実態調査によると、ＦＣの売上高トップテンは下表のとおりです。ダスキンをのぞく9社が小売業で、そのうち4社がコンビニエンスストアです。

いずれのデータを見ても、多くの人が日ごろよく名前を聞く企業名がずらりと並んでいると思います。やはり、ＦＣビジネスの主力は小売業であり、コンビニエンスストアが代表選手です。

一方、サービス業に分類されるわが社、ダイキチカバーオールの売上高は43億円で、セブン－イレブンの2006年度当時の売上高の1％にも及びません。10位の吉野家と比べてみてもわずか6・5％です。事業規模からすれば、わが社はＦＣビジネス市場において、その他大勢

	チェーン名	企業名	売上高（百万円）
1	セブン－イレブン	セブン－イレブン・ジャパン	492,831
2	マクドナルド	日本マクドナルド	325,258
3	ローソン	ローソン	248,041
4	オートバックス	オートバックスセブン	203,056
5	ファミリーマート	ファミリーマート	184,065
6	サンクス サークルK	サークルKサンクス	180,613
7	ダスキン愛の店	ダスキン	171,495
8	ほっかほっか亭	プレナス	119,489
9	不二家ファミリーチェーン	不二家	70,928
10	吉野家	吉野家ディー・アンド・シー	65,773

FC売上高上位10社（2006年）

の中の1社にすぎません。

そのような小さな企業の社長にすぎない私がFCビジネスを論じるのは、「身の程知らずもはなはだしい」と、多くの人から突っ込みを入れられるかもしれません。たしかに事業規模からすればそう言われても仕方ありません。

しかし、手前味噌ですがわが社のFCは、その理念と仕組みにおいて、たいへんユニークで独自のモデルを展開しています。しかも、非常に優れた、今後の日本のFCのあるべきモデルだと確信しています。そして、このFCビジネスの新しいモデルを論じることができるのは、今のところ私のほかに見当たらないのです。

「はじめに」でわが社のFCの3つの独自の特長にふれましたが、ここで簡単に思い出してみてください。

独自の特長①　加盟事業者であるオーナーさんが営業活動を一切しなくてよい「製販分離」のFCモデルであること。

独自の特長②　本部とオーナーさんが理念を共有し、利他の心をもって、Win－

Ｗｉｎの関係を築いたＦＣモデルであること。
独自の特長③　「利益」を追求するだけでなく、オーナーさんの「生きがい」の提供にも注力していること。

わが社のＦＣが、どれほど優れたモデルであるのか。この３つの特長をこれから明らかにしていきます。
では、はじめに「製販分離」が本来のＦＣのあるべき姿であり、古くて新しいモデルであることを、アメリカから始まった約１５０年のＦＣビジネスの歴史をひもときながら解説していきたいと思います。

「製造」と「販売」の役割分担で始まったＦＣビジネス

ＦＣビジネスが起こったのは19世紀半ばのアメリカです。南北戦争の真っ只中、

1863年に、シンガー社が同社製ミシンを販売した者に対して報酬を支払うという仕組みを作り、全米にその販売網を広げていったことがFCビジネスの原型だと言われています。またマコーミック社（現ナビスター・インターナショナル社）も1831年に開発した農機具を、1850年、同じような仕組みで販売を開始しています。

シンガー社やマコーミック社をはじめとする当時の製造業者は、資金や人材などの経営資源が不足しており、直営店を展開することが困難だったようです。そこで、契約を交わして他人に「販売」を任せ、彼らを全米に配置して販売網を確保していったのです。この契約によって、製造業者は「独占的販売地域分与」などの特権（フランチャイズ）を「販売」を代理する者に与え、自らの経営資源は「製造」に集中しました。つまり、FCビジネスは「製販分離」の仕組みとして始まったのです。

その後、19世紀後半のアメリカでは、この「製販分離」の仕組みがFCシステムとして整備され、発展していきます。

当時、この仕組みで大成功した代表的な2社を紹介しましょう。

そのうちの1社が、1892年設立のコカ・コーラ社です。

コカ・コーラはもともと駅馬車の酔い覚め薬として開発されましたが、店頭でもグラス売りされるようになって評判を呼び、一般的な清涼飲料水として日常的に飲まれるようになりました。そして、1899年、テネシー州チャタヌーガにて二人の実業家が、コカ・コーラのボトリング販売の権利を手に入れます。

このときの契約は、コカ・コーラ社（＝フランチャイザー）が自社製の原液と統一されたボトルのラベルを供給し、二人の実業者（＝フランチャイジー）が契約した地域で独占販売するというものです。こうして、コカ・コーラのFCシステムが完成し、その後、20年も経たないうちに、1000社を超える販売代理店が全米各地に設立されました。

さらに、これに刺激されたように、ペプシコ社、ドクターペッパー・スナップル・グループ、ローヤルクラウンコーラ社などがFCシステムを導入して成功を収めています。

そして、もう1社がGM（ゼネラルモーターズ）社です。

コカ・コーラのFCシステムが完成し、急速に普及していった19世紀の終わりの頃から、アメリカでは自動車産業が発展しはじめます。当初、自動車はメーカーから消費者に直販されていました。しかし、自動車メーカーの1社であったGM社が、販売権をディーラーに与え、「製販分離」のFCシステムを導入しました。

そのねらいは、次のように3つありました。

①メーカーであるGM社は、販売の手間やコストを省くことで、製造に専念できる。また、巨額の投資を生産活動に集中できる。

②成功報酬に基づいているためにディーラーのモチベーションが上がり、販売増が期待できる。

③FCシステムを徹底することで、全米各地でGM社のブランド・ロイヤリティ

を確立できる。

ここでも「製造」と「販売」の役割を明確に分けて、お互いが自社の役割に特化・専念することで、手を携えて事業を拡大し、相互に利益を上げることが目指されたのです。そして、自動車業界のＦＣビジネスの成功は、自動車の普及に伴って需要の拡大したガソリンスタンドのＦＣ化にも波及しました。

コカ・コーラもＧＭ社もブランド商品です。このようにブランド商品の「製造」と「販売」を、メーカーであるフランチャイザーと販売代理店であるフランチャイジーが役割分担するＦＣシステムを「伝統的ＦＣシステム」と呼びます。あるいは、「商標ライセンス型ＦＣシステム」と呼ぶ場合もあります。このＦＣシステムの大きな目的は、お互いが自社の業務に専念し、協力し、補い合い、共に発展していくことです。

ＦＣシステムの原点はここにあります。

第二次世界大戦後、急成長する「ビジネス・フォーマット型ＦＣ」

ところが、第二次世界大戦後のアメリカで新たなモデルのＦＣが登場し、主流となっていきます。

その背景には、アメリカ経済が急成長の時代を迎えたことと、第二次世界大戦やその後の朝鮮戦争から帰還兵が、就職先を見つけられずこぞって商売に目を向けたことがあります。しかし、彼らは商売を始めようにも、ほとんど商売のやり方やノウハウは持ち合わせていませんでした。

そこで、フランチャイザーはブランド商品を提供するだけでなく、商売や仕事のやり方を徹底的にフォーマット化（標準化）し、それをマニュアル化して、フランチャイジーに提供したのです。フランチャイジーはその分野の素人であっても、短期間のトレーニングを経て、マニュアルどおりに仕事をすれば、商売が始められるという仕組みです。

この戦後の新たなＦＣモデルは、それまでの「伝統的ＦＣシステム」に対して、「ビジネス・フォーマット型ＦＣ」と呼ばれ、アメリカ経済の急成長とともに、全米に広く普及していきます。

ここでも成功した代表的な2社を紹介しましょう。

1社がＫＦＣ（ケンタッキー・フライド・チキン）社です。創業者のカーネル・サンダースは、みなさんご存知ですね。

創業者カーネルは最初、ハイウェイの出入り口付近でガソリンスタンドを経営しており、客の要望で軽食を出していました。ところが、ハイウェイの出入り口が他に移ってしまい、客足が遠のいて経営が悪化したため、店舗を売却。評判のよかったフライド・チキンのセットを車に乗せて、各地のレストランに売り込みに回りました。

その方式は、レストラン（フランチャイジー）に、圧力鍋やスパイスなど、フライド・チキンを作るセットを買ってもらい、3日ほどのトレーニングを行った上で、チキンの販売数量に応じてロイヤリティを受け取るというものでした。「ロイヤリティを受け取る」というところが大きな特徴です。

1年を経過する頃から徐々に評判となり、フランチャイジーが増加しはじめます。その後、レストランへの売り込みから、独立した専業の店舗を作り、そこでの持ち帰り販売へと切り替えていきました。それがまた好評で、現在のファストフードのFCへと発展していきました。

もう1社はKFC社と肩を並べるファストフードの雄、ハンバーガーのマクドナルドです。

もともとマクドナルドは、マクドナルド兄弟が開いたレストランが始まりでした。その将来性に着目したのが、マルチミキサーのセールスをしていたレイ・クロックという人物です。

彼はマクドナルド兄弟にFC化を勧めますが、兄弟にはまったくその気がなかったため、1954年にレイ・クロック自らがFCを始めました。そして、1961

年、当時としては破格の270万ドルという金額で、兄弟からマクドナルドのすべての権利を買い取りました。

レイ・クロックがマクドナルドに将来性を感じたのは、標準化の難しいフードサービスの分野で、マクドナルドのやり方なら、標準化によってコントロール可能なシステムが構築できると見込んだからでした。

さらに彼は、長期的にフランチャイジーを育成することを考え出します。

当時のFCで行われていた経営ノウハウの伝授はごく簡単なものでした。店舗が開業できるようになると、後のサポートはほとんどせず、次のフランチャイジー獲得に走っていました。しかし、レイ・クロックはフランチャイジーに対するトレーニングや経営支援を継続的に行う重要性を認識していました。そこには、個々の店舗の繁栄が、FC全体の成功をもたらすという信念がありました。

彼の信念は正しかったのでしょう。世界各国にマクドナルドのFCが展開している現状を見れば、誰の目にも明らかです。

「伝統的FCシステム」では、フランチャイザーの主な収入源は、ブランド商品の売上でした。それに対して、「ビジネス・フォーマット型FC」では、商品の売上ではなく、経営ノウハウやマニュアルが盛り込まれたビジネス・フォーマットを使うフランチャイジーが使う「使用料」が、フランチャイザーの主な収入源となったことが大きな特徴です。「使用料」は「ロイヤリティ」という形で、フランチャイジーからフランチャイザーに支払われました。

このシステムの普及によって、商売のやり方やノウハウを持たないフランチャイジーの、フランチャイザーへの依存度が高まっていったともいえるでしょう。つまりやり方やノウハウを知らなくても、気軽に商売が始められるようになり、FCビジネスの普及に拍車がかかっていったのです。

1960年代、「ビジネス・フォーマット型FC」が日本に上陸

昭和の高度経済成長時代の日本に、アメリカから持ち込まれたFCビジネスは、「ビジネス・フォーマット型FC」です。日本フランチャイズチェーン協会が編集した『フランチャイズハンドブック』にも、「わが国においては伝統的フランチャイズ・システムを、フランチャイズの範疇に入れていない」と記述されています。

日本で初めてFCシステムを導入して開業したのは、ダスキンの「愛の店」と不二家の洋菓子店といわれています。ともに1963年のことで、「愛の店」が7月、不二家が10月です。

続いて2年後の1965年には、クリーニングの白洋舎がフランチャイズを開始。その翌年1966年には、養老乃瀧、山田うどん（山田食品産業）、アートコーヒー、タカラブネ（スイートガーデン）、1967年には、8番らーめん（ハチバン）、どさん子がフランチャイズを展開しはじめています。

「伝統的FC」と「ビジネス・フォーマット型FC」の違い

伝統的FCの仕組み

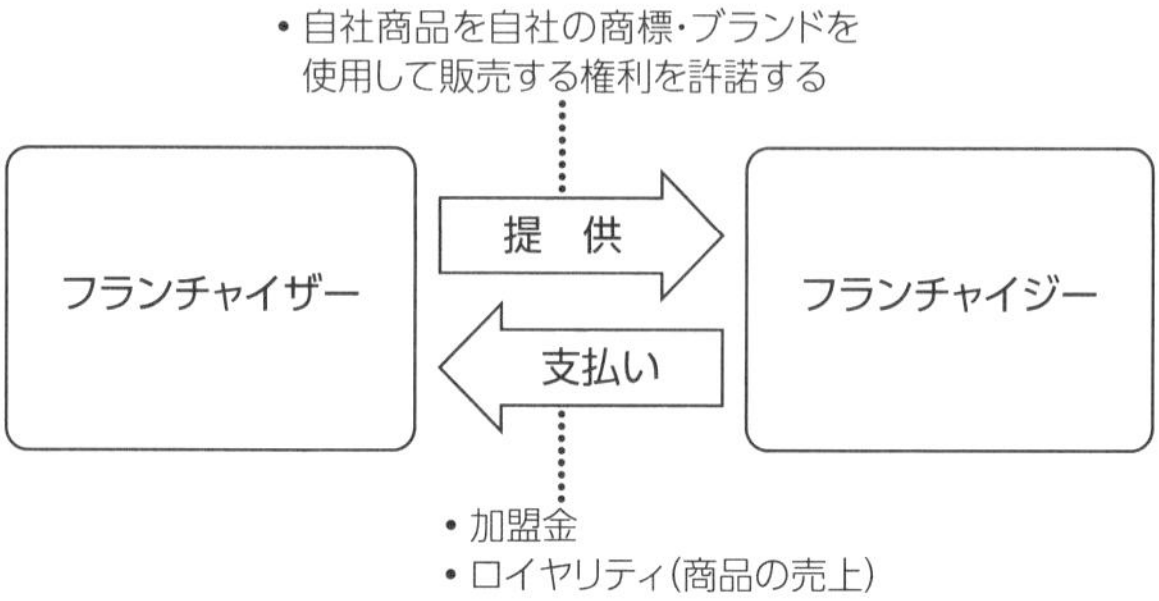

ビジネス・フォーマット型FCの仕組み

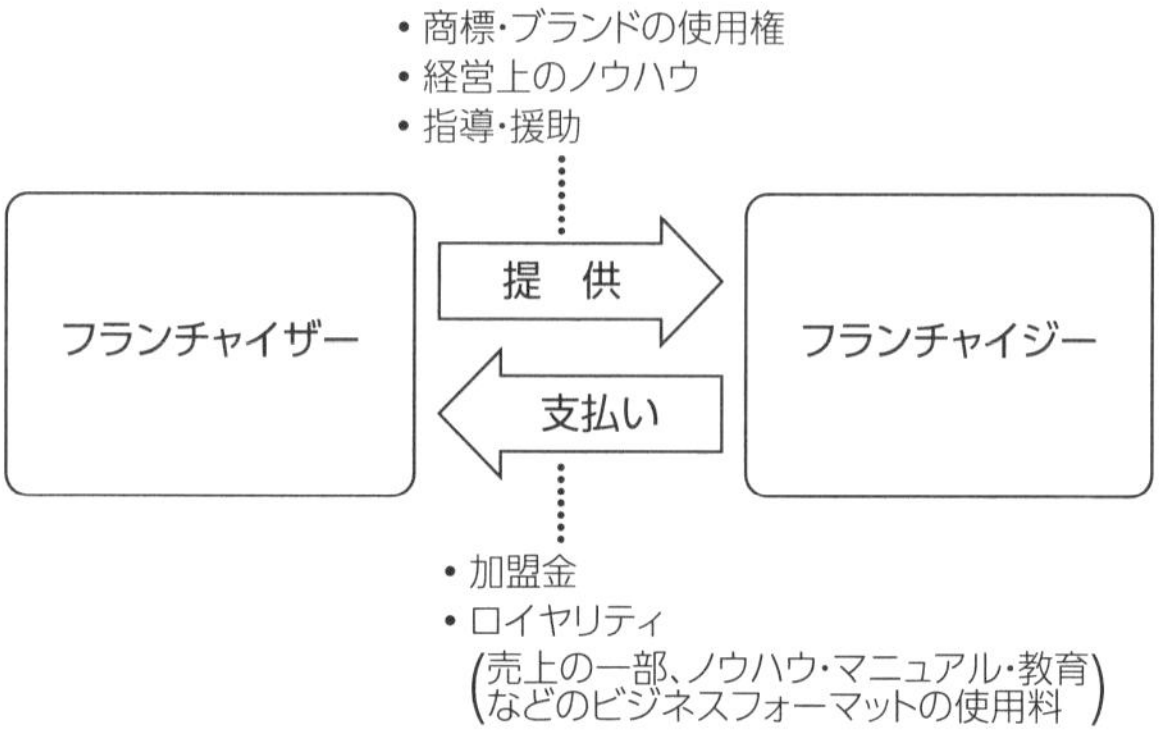

このように日本のＦＣビジネスは１９６０年代の後半に花開きました。その後、景気の波に多少は影響されながらも、ほぼ一直線の右肩上がりで発展してきたことについては、説明は要さないでしょう。

１９７２年には、社団法人日本フランチャイズチェーン協会（ＪＦＡ）が設立されました。１９７５年度のＪＦＡの調査では、店舗数が2万8千余店、市場規模が1兆３８００億円です。それが冒頭で述べたとおり、２０１４年度には、店舗数が約26万店舗、市場規模が約24兆円にまで拡大しました。

ただし、１９９７年5月に、ダイキチカバーオールの親会社であるダイキチが、アメリカのカバーオール社のライセンスを取得し、ビルや施設などの清掃業務のＦＣビジネスを始めるまでは、日本のＦＣといえば、イコール「ビジネス・フォーマット型ＦＣ」でした。

その後、２００2年6月にダイキチのカバーオール事業は、ダイキチカバーオール株式会社として分社・独立し、現在にいたりますが、今でも日本では「ビジネス・フォーマット型ＦＣ」が一般的なＦＣだと認識されています。そのため、ダイキチカバーオールの「製販分離」モデルは異色なモデルのように受け取られがちです。しかし、アメリカから始まったFCビジネスの歴史を遡れば、「製販分離」モデルこそ、FCの原点である「伝統的FCシステム」の流れを汲むものであることが、おわかりいただけたと思います。

FCビジネスの利点と問題点

このように、アメリカで誕生し発展したFCビジネスは、日本に輸入されて以降も順調に成長を続けてきました。成長してきた背景には、大きなメリットがあるはずです。同時に、国内市場に広く普及し、有名無名問わず種々さまざまな企業が参入した結果、一部にひずみが生じていることも否めません。そこで、この項ではFCビジネスの利点と問題点について見ていきたいと思います。

そもそもFCビジネスとは何でしょうか。

日本フランチャイズチェーン協会や国際フランチャイズ協会は、それぞれ定義を公表しています。しかし、いずれも教科書的で堅苦しいので、私はより平易で実践的に、次のように定義しています。

ＦＣビジネスとは、起業を目指す方々に対し、本部がブランドの使用権を貸し、事業運営のノウハウ、独自の商品とサービス、さらには販促ツールを提供して、ビジネスを成功に導くというものです。その対価として、本部はブランド使用料や加盟金をいただきます。

この定義にあるように、加盟者には、事業を進める上で必要な、基本的なノウハウやツールは本部が提供してくれます。したがって、単独で事業を起こすよりも事前に準備することが少なくて済み、比較的短期間で事業を開始できます。本部による教育訓練も受けられるため、その事業の経験がない素人でも起業できます。さらに、事業を開始した後も、本部がいろいろな側面からサポートしてくれるので、事業を安定的に運営できます。これらが、加盟者側にとっての利点です。

同時に、本部はノウハウやツールを提供することで、事業を多くの人（法人も含む）に任せられるため、比較的少ない経営資源で短期間のうちに事業を拡大できるようになります。19世紀半ばにアメリカでFCビジネスが誕生したのも、これが大きな理由でした。

しかし、ここに第一の問題が潜んでいます。

これは、本部側が多くのノウハウや情報を保有する一方で、加盟者側がほとんど情報を持たないという、情報に偏りがあるところから生じます。相対する両者間に情報の大きな格差があることを「情報の非対称性」といいます。

「情報の非対称性」のあるところでは、情報を保有している側（この場合、本部）が圧倒的に優位に立つため、知らず知らずのうちに、保有していない側（加盟者）に不利な条件を押し付けてしまう場合があります。あるいは、加盟者が本部に過度に依存する関係が生まれます。そこに悪意が働けば、本部が加盟者を騙すこともできてしまいます。

希望を抱いて事業を始めたのにいっこうに利益が上がらず、加盟者が「話が違う」と言って本部を訴えた話は、残念ながらよく耳にします。悪意があろうとなかろうと、これが「情報の非対称性」によって生じる大きな問題です。

第二の問題は、事業の体制を整えたものの、簡単に仕事が取れない、つまり、売上が上がらないという問題です。

ＦＣビジネスにはさまざまな分類法がありますが、その一つに「店舗系ＦＣ」と「無店舗系ＦＣ」という分類があります。字のとおり、店舗を構えるＦＣと店舗を持たないＦＣです。「店舗系」の代表は、コンビニエンスストアや飲食店、ホテルやモーテルなど。「無店舗系」には、ダイキチカバーオールが行っている清掃事業の他、住まいのリフォーム、家電の据付・修理サービスなどがあります。

日本のＦＣはこれまで「店舗系」で発展してきましたが、近年、「無店舗系」も増えています。また、「店舗系」の加盟者に法人の増加傾向が見られます。店舗を構える必要があるので、加盟金を含む初期投資が多額になり、個人では参入しにくくなってきているのが主な理由でしょう。

その分、初期投資が少なく、比較的簡単に始められる「無店舗系」に個人が流れてきています。しかし、この「比較的簡単に始められる」というのが落とし穴なのです。

想像してみてください。「店舗系」は立地がよければ、ある程度のお客様が見込めます。悪い評判さえ立たなければ、待ちの姿勢でもお客様は入ってきてくれます。それに対して、「無店舗系」の場合、お客様を積極的に取りにいかなければ売上は立ちません。営業活動が欠かせないのです。

しかし、営業を経験したことのない人が努力しても、おいそれとお客様を開拓することはできません。事業を始めたものの仕事が取れず、「こんなはずじゃあ、なかった」となるケースが後を絶ちません。

さらに、売上が上がったとしても、長時間働くことでしか得られないとしたら、手放しでは喜べないでしょう。これが第三の大きな問題です。

「店舗系」では多額の初期投資を回収するために、大きな利益をコンスタントに上げなければならず、コスト削減が大きな課題となります。削減しやすいコストと言えば、人件費です。そのため、一部のコンビニエンスストアなどでは、深夜にアルバイトを雇う余裕がなく、オーナーさんが長時間労働を強いられることが常態化し、社会問題となっています。

「無店舗系」でも同じ現象が起こっています。オーナーさんがお客様開拓の営業活動をしながら、サービス提供を続けるには、自らの時間を削るしかありません。起業して事業主になろうと夢見た当初、深夜に及ぶ長時間労働を想定したでしょうか？　働き詰めの人生で本当に幸せなのでしょうか？

国民生活金融公庫（現、日本政策金融公庫）の調査によると、FC加盟店の廃業率が、一般企業の廃業率の2倍にも上ることが判明しています。本来、本部のサポートによって起業しやすく、事業を継続しやすいはずのFCの方が、多く廃業しているのです。

それだけ、3つの問題が深刻なのだと、私は考えています。

ダイキチカバーオールのココがオンリーワン!

逆に考えると、この3つの問題を解決できれば、FCビジネスの本来のメリットがいかんなく発揮されるはずです。そして、ダイキチカバーオールのFCモデルこそ、3つの問題に真正面から取り組み、解決できるモデルだと考えます。

ダイキチカバーオールは、今のところ事業規模では大手FCの足元にも及びませんが、3つの問題をクリアするモデルとして、オンリーワンの存在なのです。

重複して恐縮ですが、オンリーワンたるゆえんである3つの特長をまとめておきましょう。

独自の特長① 加盟業者であるオーナーさんが営業活動を一切しなくてよい「製販分離」のFCモデルであること。

営業は本部が行い、受注した仕事を加盟店であるオーナーさんに回しますので、オーナーさんは一切、営業する必要はありません。清掃業務に専念してもらえます。

また、私がダイキチカバーオールの責任者になって以降、代表取締役を務める現在まで、仕事がなくてオーナーさんに迷惑をかけたことはありません。

コンスタントに仕事が受注できる秘密は、第4章「営業を支える本部のイキイキ社員たち」で明らかにしています。

独自の特長②　本部とオーナーさんが理念を共有し、利他の心をもって、Ｗｉｎ－Ｗｉｎの関係を築いたFCモデルであること。

ダイキチカバーオールのＦＣモデルでも、本部とオーナーさんの間に、情報の格差があるのは事実です。しかし、それがオーナーさんの不利益につながらないようにするのは、ひとえに本部の責任です。本部が「利他の心」をもって、意図的にオーナーさんと対等であろうと努力しなければ、「Ｗｉｎ－Ｗｉｎの関係」は築けません。

ダイキチカバーオールがいかに利他の心をもって、オーナーさんとの間にＷｉｎ－

Ｗｉｎの関係を築いているか。それは第3章「本来のＦＣは、生きがい提供業」各章の間で紹介しています、コラム「オーナーの声」でご確認ください。

独自の特長③　オーナーさんの「利益」を追求するだけでなく、「生きがい」を提供するＦＣモデルであること。

実は、これを実現するのが、一番困難でした。人それぞれ、百人いれば百通りの「生きがい」があり、一つの基準でくくりにくいからです。

もともと私は多くのビジネスパーソンと同様に、利益を追求すること、俗にいえば「稼ぐこと」が「生きがい」でした。全員そうであればわかりやすいのですが、中には余暇を大切にする人もいます。

実際、ダイキチカバーオールのオーナーさんには、事業意欲の高い方から、ゆとりのある生活ができるだけの収入があればいいと考える方もいます。どちらの「生きがい」も尊重するには、ＦＣの運営をガチガチのルールで縛るのではなく、ある程度の融通を利かせる必要が出てきます。例えば、ダイキチカバーオールでは、オーナーさんが別のビジネスと兼業で稼ぐことを認めていますし、絶対にこれだけの件数を請け負わなければならないといったノルマを課してもいません。

このようにルールに幅を持たせながら、FCとしてのまとまりを維持できているのは、本部がオーナーさんたちと積極的にコミュニケーションを取り、信頼関係を醸成してきたからです。本部とオーナーさんとの間で、ダイキチカバーオールほど交流の場を作っているFCは他にはないと思います。

もっとも、こうした3つの特長は、最初から計画して作り上げたものではありません。私が多種多様なビジネスを経験し、先輩にアドバイスをいただき、多くの課題を乗り越えてきた結果、必然的に到達したモデルです。

次の第2章では、私が現在のダイキチカバーオールのFCモデルに行きつくまでの経緯をお話しいたしましょう。

オーナーの声 1

本部と私たちオーナーが共に成長するFC

株式会社アークフィールド　代表取締役 佐藤大介
（45歳男性、自動車設計会社に3年勤務、FCオーナー歴19年）

事業計画の立てやすいFCビジネスだと判断して加盟

私がダイキチカバーオールに加盟したのは19年前。もうじき20年目の節目を迎える古株のフランチャイジーです。現在、年商4億円、従業員80名の株式会社アークフィールドを経営。関西全域の清掃事業の他、飲食店の経営や自動車販売など多角化を進めています。

ダイキチカバーオールのFCに加盟したのは、大学を卒業して横浜の会社で自動車設計の仕事をしていたときに母親が病気になり、地元の関西に戻ってきたのがきっかけです。そのタイミングで会社勤めではなく、自分で事業を起こそうと決心しました。大の車好きなので、車関係で独立したかったのですが、資金力や営業力が必要だとわかりました。そこで、商売の経験のない自分でもできる確実なビジネスとして、ダイキチカバーオールのFCに加盟しました。

当時、いくつものFCの資料を取り寄せたのですが、その中からダイキチカバーオールを選んだのには理由があります。

何といっても第一に、営業保証があること。第二に、事務所向けサービスなので比較的安定している上、契約期間中は原則、仕事は切れないので、事業計画が立てやすいビジネスであること。第三に、高齢者の方を雇用してできる仕事なので、これからの社会に適していることです。

その後、多角化を進める際には、制約条件もなく自由にやらせていただているので、長年の夢だった自動車販売のビジネスも始められました。

本部とオーナー同士が議論を交わし、強い絆で助け合う

実は私が加盟したとき、責任者は小田社長ではありませんでした。その頃の年商は、トップで稼いでいた私でもまだ1500万円程度。もっと事業を大きくしたいと思っていた矢先に、ちょうど小田社長が新しい事業部長として着任されたのです。

それからです、どんどん仕事が増えていったのは。おかげで、私も売上を順調に伸ばすことができました。株式会社アークフィールドを設立したのもその頃です。

ダイキチカバーオールのFCのよいところは、営業面だけではありません。それ以上に、オーナー同士のつながりが強いことも大きな魅力です。オーナーの9割が個人加盟なので、助け合いの精神が根づいています。

さらに、本部とオーナーとの間も、非常に風通しのよいFCです。月に一度、オーナーと本部スタッフが集まって、オーナー会議を開いているのですが、常に私たちオーナーは意見を求められますし、建設的な議論を戦わせています。本部は、オーナーである私たちの意見も柔軟に取り入れてくれますし、「上から目線だなぁ」と感じたことは一度もありません。

こんなFCは他にないと思います。

それだけに、この関係を大切にしたいですね。これからもずっと、本部とオーナーとが共に成長するFCであり続けたいと思います。

第2章

ダイキチカバーオールのＦＣビジネスができるまで

大学に行かず、家業の土木建設会社を手伝い始める

第1章では、FCビジネスの歴史を通して、ダイキチカバーオールのFCビジネスが、日本ではオンリーワンのモデルであることを見てきました。

では、この独自のモデルはどのようにして生まれ、育ってきたのでしょうか。ダイキチカバーオールのFCビジネスの理解を深めていただくために、第2章では現在のモデルができるまでの経緯をご説明いたしましょう。また、それは私が社会人として働き出してから現在に至るまでの人生とも重なっています。ですので、本章は、私の半生をご紹介することにもなります。

私は土木建設業を営む家に生まれました。

祖父も父も非常に厳しい人で、私が外でケンカしようが何も言いませんでしたが、ケンカに負けて帰ってメソメソしていると、「泣くな！」ときつく叱られまし

た。仕事柄、家には荒っぽい若い衆がいつも出入りしていて、子どもの私は、皆にずいぶんかわいがってもらいました。

そんな環境で育ったせいか、中学生になる頃には、学校でも評判の不良になっていました。仲間もそろいにそろって不良。ワルさばかりの毎日でした。なんとか高校は卒業したものの、大学進学など考えも及ばず、家業の土木建設会社に就職しました。

実は、すでに中学生のときに、学校に行かず、家業を手伝った時期があります。工事現場で堂々とタバコを吸えることに大喜びしたのですが、肉体労働のきつさに音をあげて、高校に進学したいと頼み込み、ようやく入学がかないました。その程度のレベルの低い人間でした。

しかし、高校を卒業して正式に就職してからは逃げる場所もなく、毎日、現場で汗だくになって一所懸命働きました。もともとスポーツが得意で、体を動かすことは大好きだったので、汗にまみれて仕事をすることに充実感を覚えるようになりました。

一方で、働いた後は毎晩のように遊び回りました。そして、たとえ明け方まで遊んで一睡もしないときでも、必ず早朝から現場に出かけました。同じ時期に働いていた先輩や後輩が、一人二人と辞めていく中、いつしか私は人一倍、まじめに働く人間になっていたのです。それには父の影響が大きかった気がします。社会人として初めての大きな出会いは父親だったからです。

父は仕事には徹底して打ち込み、仕事を離れると大きな外車を乗り回して、けっこう派手に遊んでいました。私は、その父の姿にあこがれ、父以上の金持ちになりたいという夢を持つようになりました。その夢を原動力にして、一所懸命働くようになったのでした。

今、私はダイキチカバーオールの社長として、新しいモデルのＦＣビジネスを展開していますが、ここに至るまでには、父以外にも何人かの尊敬すべき方々と出会い、大きな影響を受けているのです。

営業の醍醐味を知ることになった工事の落札

現場で2〜3年ほど肉体労働をした後、次に営業の仕事を任されるようになりました。営業といっても、土木工事の発注元である役所を定期的に訪問する仕事です。役所の土木課や工事課に日参して、予定されている道路工事の情報を同業者よりもいち早く入手するのが営業の重要な仕事でした。

もちろん、公共工事は最終的に競争入札によって発注先が選定されますので、早い者勝ちではありません。しかし、事前にできるだけ多くの情報を入手すれば、同業者との駆け引きで優位に立ち、より条件のいい仕事が受注できるのです。また、役所に足しげく通うことで担当者と親しくなり、信頼関係を築ければ、それは有形無形の力となります。

役所への営業は、最後は競争入札が絶対であるとはいえ、限られた先へのルート営業であり、一般の営業と本質的には変わりません。いかに価値ある情報を入手し、その情報に基づいて有効な手を打つか。そして、いかに有利な条件で受注に結びつけるか。企業規模や時代が変わっても、営業の本質は一緒です。

私はここで、情報収集の方法、仕事を勝ち取るための創意工夫、お客様とのコミュニケーション、自己アピール、競争相手との駆け引き、ここぞというときの判断力など、非常に多くの商売のコツを学びました。このときの経験は、その後の営業や現在の経営の仕事の基礎になっています。

そんな折、私はある工事の受注に成功した、営業の面白さに目覚めます。

その工事は、あまり儲かりそうにないから取らないでおこう、というのが会社の方針でした。ところが、入札会場に行ってみると、集まっていた同業者の目の色が違うのです。これには驚きました。なんとしても、この工事を受注しようという熱気がみなぎっているのがわかりました。

そこで、前年にその工事を請け負った会社の担当者がそばにいたので、それとなく探りを入れてみました。もちろん、正直な答えは返ってきません。でも、私の直感が叫ぶのです。「これは、受注すべき魅力ある仕事だ」と。

さらに偶然、他社の入札価格が見えてしまったのです。私はとっさに考えを巡らせて、会社で決めてきた価格を無視し、最低価格になりそうな金額を入札用紙に書き込みました。

そして、見事にその工事を落札することができたのです。その瞬間、まわりから落胆のため息が漏れ、自分の行動が間違いなかったことを確信しました。

会社に戻ってから、勝手に方針に背いたことでこっぴどく叱られましたが、それが「よくやった」という称賛の声に変わるのに時間はかかりませんでした。落札を知った会社が複数、すぐに工事の下請けを申し込んできました。一度落札すれば随意契約によって更新できる好条件だったため、下請けしてでも関わりたいほど、「魅力ある仕事」だったのです。

私の面目は大いに躍如しました。自分が機転を利かせ落札できたことで、しびれるような営業の醍醐味を知ったのです。

お金を稼ぎたくて、不動産営業に転職

これを機に、私は営業の仕事にますます夢中になり、24歳のときに家業の土木建設会社を辞めて、不動産会社の営業に転職しました。

転職の動機は、主に3つありました。

第一に、役所への決まったルート営業だけでは物足りなくなり、もっと力をつけるために別の業界の営業を経験したくなったからです。営業の仕事に自信が出てきて、自分の力を試してみたいという気持ちもあったように思います。

第二に、私には一つ年上の兄がいて、家業を継ぐのはその兄だったからです。兄の下で働く以上、いくらがんばっても、自分の采配で会社を経営することはできません。それでは面白くないと思いました。

そして第三に、これが最も大きな動機なのですが、お金をたくさん稼ぎたかったからです。家業の給料も悪くはなかったのですが、もっと稼いで、いい車に乗りた

い、いいものを食べたい、人よりずっといい暮らしがしたい。そう思っていたのです。

お金を稼ぎたいと考えることは、もちろん、間違ったことではありません。多くの企業経営者のモチベーションの源泉でもあります。しかし、当時の私が稼いだ先にやりたかった目的は、非常に単純な欲望でした。それとて決して悪いことではありませんが、今、振り返ると、少し恥ずかしいような、情けないような気持ちです。ただ、その頃の日本経済はバブル景気に沸いていて、多くの若者がごく普通に抱く夢だったといえます。

お金を稼ぐために私が目をつけたのは、不動産業界でした。バブルの最盛期で、不動産が高騰を続けている最中です。この業界で成果を上げれば、高給を得られるはずだと考えました。そして、友人の勤める不動産会社の面接を受け、社長に気に入られて採用が決まりました。

そこでの営業の仕事は、商業用地の買収です。当時、新大阪駅の周辺は人通りも少なく、田んぼや畑がたくさん残っていました。今のようなビルもほとんどなく、建っているのは民家ばかり。そこを一軒一軒訪問し、土地を売ってくれとお願いして回ります。留守の家も含めると、毎日、100軒ほどのお宅に飛び込みました。

ただ、飛び込み営業ですので、役所のルート営業と同じようにいくはずがありません。また、バブルの頃に大きな社会問題となった「地上げ」とはまったく別で、相手を説得して、合意の上、土地を売ってもらうわけですから、そう簡単にいきません。ずいぶん苦労しました。

当時の私は高度な営業テクニックなど持ち合わせておらず、できることといえば数多くの地主さんを訪ねて、ただひたすらお願いするだけ。まさに直球一本やりの営業でした。他の営業社員はそこまでやりませんでしたが、私だけは「夜討ち朝駆け」もいとわずやりました。

しつこい営業は嫌がられると思う営業社員もいると思いますが、私の経験では、そういう人は成功しません。このときも最初は邪険に扱われましたが、何回も通って誠心誠意、交渉を続けるうちに、地主さんたちとも世間話ができるようになり、最後には成約に持ち込むことができました。

その頃は「明るく元気」なだけが取り柄の私でしたが、それが相手の心をつかむことに大きく役立ちました。折しもバブル景気の下。不動産が活発に動いていた時期だったので、大きな成果が上がり始めました。

ところが皮肉なもので、これからというときにバブルがはじけました。転職して3年目のことです。勤めていた会社は坂を転がり落ちるように、一気に業績が悪化。私はその会社に見切りをつけて、同僚と3人で自分たちの不動産会社を立ち上げることにしたのです。勤めていた会社は、辞めてすぐに倒産しました。

しかし、バブル後の不景気のさなか、経験も知名度も信用もないのに、自分たちの会社だけがうまくいくはずがありません。結局、仕事らしい仕事をせずに、1年後には解散せざるを得ませんでした。「明るく元気」なだけで通用するような、そんな甘いものではなかったということです。

会社を解散した後、私は再び、別の不動産会社に就職しました。

2番目の不動産会社で企画力を磨く

2番目に勤めた不動産会社では、ただ単に「土地を売ってください、買ってください」ではなく、「この土地はこんな事業を展開するのにふさわしい物件ですよ」と提案して土地を売る、いわば企画提案型の営業を行っていました。付加価値を提案しないと不動産が動かない時代となり、営業方法がまったく変わったのです。

そのためには、該当物件の周辺環境や将来性などから、どんな業種がふさわしいのかを調査して、見合った販売先を探さなければなりません。販売先が絞り込めれば、今度は相手の業態や業界のことも詳しく研究して、「こういう理由で、お客様にぴったりの土地ですよ」と的確に提案しなければなりません。営業をするのに、高度な調査力や企画力が求められるようになりました。

この時期、私は必要に駆られて、不動産のことや経営のことをずいぶん勉強しました。お金を稼ぐためでしたが、人一倍勉強したと自負しています。おかげで私は

「明るく元気」なことに加えて、調査力、企画力、ひいては提案力を徐々に習得していきました。

提案型の営業を続ける中、あるとき、非常に大きな物件情報が入ってきました。

私の勤めていた不動産会社では、当時の業界の通例に従って、基本給＋コミッションという給与体系をとっていました。基本給はわずかで、それだけではカツカツの生活しかできません。売れない営業社員は次々と辞めていきました。

一方で、コミッションは契約額に応じて決まったパーセンテージで入ってくるので、契約額が大きければ大きいほど、コミッションも高額になります。また、同じ物件の売りと買いの両方を扱えば、コミッションは2倍になります。

私は大きな物件情報を得て、俄然やる気になりました。しかも、売り手と買い手の利害が一致するなど、交渉がスムーズに進む条件も揃っており、非常においしい物件のはずでした。

ところが、「好事魔多し」です。詳しく調べるとやっかいな障害が横たわっていました。土地の一角を、たったの5坪ですが、売り手とは別の人の小さな土地が占めていたのです。この5坪を買い取らないと、成約は見込めません。

5坪の所有者は足元を見て、法外な値段を吹っかけてきました。なんとか説得して常識的な価格で売ってもらわなければ、成約にたどりつけません。相手は地元の大物でかなりの難物でした。非常にタフな交渉が続き、私は何度も不愉快な思いをすることになります。

それでも、足繁く通い、粘り強く交渉を続けるうちに、少しずつ風向きが変わり始めたのがわかりました。どうやら、相手は私を気に入ったようです。そうなったら、こっちのもの。半年もかかりましたが、相場の約2倍の価格で決着できたのです。

5坪の土地を買い取れた結果、無事、成約に至ったのはいうまでもありません。私は破格のコミッションを手に入れました。「稼ぎたい」という思いで、この業界に飛び込んできただけに、うれしくて、うれしくて、もう有頂天です。

振り返れば、私は営業という仕事において、このときにやっと一人前の域に達することができたのだと思います。

ダイキチの松井会長との運命の出会い

それからしばらく経ち、ある高級住宅地に程近い、ロードサイドの120坪の物件を扱うことになりました。1階にピロティタイプの駐車場があり、店舗も付いている物件です。いつものとおり、私はこの物件がどんな商売に向いているかを調査し、数社に提案を持ちかけました。その中の1社が、レントオール事業を行っていた株式会社ダイキチでした。

私はここで、今に至るまでお世話になる、ダイキチの松井信博社長と出会うことになったのです。

ダイキチへのアプローチは電話を入れるところから始めましたが、何度目かの電話で松井会長（当時、松井社長）に取り次いでもらうことができました。もちろん、面識はありません。松井会長に「こういう物件がありますので」と面談を求めたところ、「そんな商売をしている人間に会う時間はない」と、けんもほろろに断られました。ただ一言、「まあ、資料ぐらい送ってこい」とつれなくされました。

資料を送れと言うからには、物件を探しているのではないか。私は断られたことよりも資料を求められたことにチャンスを感じ、その後も電話を入れたのですが、門前払いが続きました。

しかし、冷たくあしらわれたぐらいで、へこたれる私ではありません。また、チャンスを感じた以上、簡単にあきらめるわけにはいきません。粘り強く電話を繰り返しているうちに、「そこまで言うなら、一度、会おう」というセリフを勝ち取りました。

「おっ、えらい若いんやな」

初めて会ったときの松井会長の第一声です。私はガラガラ声なので、電話ではもう少し年配だと思われていたようです。でも、こう言ってもらえるのは、第一印象がよかった証拠。人は警戒する相手や気に入らない相手に、どう感じたかなど伝えないものです。ロードサイドの１２０坪の物件は成約には至りませんでしたが、これをきっかけに、他の物件を提案するために、松井会長とは数回の面談を重ねました。

ところが、ある日突然、今度は松井会長の方から「折り入って話がある」との連絡が入りました。「どんな物件を探しているのだろう」という程度の気持ちで会ってみると、開口一番、松井会長は「ウチで働いてくれないか」と単刀直入に切り出したのです。ダイキチの新事業として、造花のレンタル事業を立ち上げるので、その責任者を任せたいという話でした。

まだ数回しか会っていない間柄だったので、私はびっくりしました。と同時に、造花のレンタル事業が、どういうものなのかもわからず、見込まれたことはうれしかったものの、困惑の方が大きかったのが正直なところでした。

実は、その頃の私には、不動産の営業でそこそこ実績をあげていましたが、このまま続けるべきかどうか、迷いが生じていました。成約すれば大きな収入になりましたが、常時、取り扱う物件が保証されているわけではなく、安定収入は望めません。また、私個人の営業力だけが頼りですので、発展性もありません。それよりも、日々確実な収入が見込める堅実なビジネスをしたいと考え始めていたところだったのです。

そのような私の心の迷いを見抜いたのでしょうか。しばらくの沈黙の後、松井会長から次のような口説き文句が放たれたのです。

「小田くん、君は人から商売を教わったことはあるか？　わしが商売教えたろ」

この言葉は、そのときの私の心にヒットしました。堅実なビジネスを目指すにしてもどうすればいいか、経営の実際は何も知らなかったからです。私はこの一言で、松井会長にお世話になる決意をしました。

その後、私は多くのことを松井会長から学んでいます。今の私があるのも、松井会長との運命の出会いがあったからこそ。人生において、それほど人との出会いは大切だと私は思っています。

しかも、運命の出会いは計画的に得られるものではなく、「偶然の賜物」です。

しかし、あのとき私は粘り強く、誠心誠意、松井会長にアプローチしたからこそ、その姿勢を評価されたのです。「偶然の賜物」であるとはいえ、決して「棚からボタモチ」ではないことを、読者の皆様にしっかりお伝えしたいと思います。

こうして私は、営業の世界から経営の世界へと一歩足を踏み出しました。

造花のレンタル事業をゼロから立ち上げ

1992年3月、私はダイキチに入社しました。27歳のときです。

入社した私は早速、造花のレンタル事業を行うフラワー事業部の責任者を命じられました。といっても、まだ事業は始まっておらず、ゼロからの立ち上げを任されたわけです。指導してくれる上司もいません。それどころか、世の中はまだ造花をレンタルするという発想もなく、参考にできる先発企業もありません。新しいビジネスモデル自体を独自に創造しなければなりませんでした。

フラワー事業部では造花だけでなく、人工樹木も扱うことになっていたので、最初の仕事は、人工樹木の作り方を学ぶことでした。北海道にある人工樹木の製造現場で1ヵ月ほどお手伝いしながら、基礎知識から作り方までをＯＪＴで習得。そんなところからのスタートだったのです。

レンタルの方法は、月々1800円で毎月、造花なり、人工樹木を交換するシステムとしました。ホテルやレストランをはじめ、喫茶店、美容室からパチンコパーラーまで、ターゲットは非常に多岐にわたります。

私は最初、1日1件のレンタル契約を取ることを目標に、毎日30〜40件の店舗や会社を訪問しました。街中にあるビルのすべてのフロアをしらみつぶしに回る感じです。部下も一人付きましたが、誰も長続きしませんでした。

たった1日1件でしたが、すぐに商品である人工樹木の手当てに追われるようになりました。仕入れて右から左に提供するのではなく、お客様の要望に応じて、1本ずつ作る必要があったのです。砂利を混ぜたコンクリートを鉢に流し込み、仕入れた白樺の木をそこに固定。人工の枝や葉を付けて人工樹木を完成させます。レンタルから戻ってきた樹木をスプリンクラーで洗浄する作業もありました。契約が取れるごとに、仕事はどんどん増えていきました。

それを回すために、平日は営業、週末は製造と、私は365日休みなしの状態に陥りました。一緒に営業していた部下は家庭を持っていたので週末は休ませて、毎日曜日、私一人でコンクリートを練ったり、樹木を洗浄したりしました。

でも、それは覚悟の上。「商売を成功させるには、死に物狂いで努力をし、何かを犠牲にしなければならない。犠牲にするのは、家族なのか、お金なのか、時間なのか」と、松井会長にも言われていました。

私は最低でも1年間、時間を犠牲にして努力しようと決意しました。どんな業種でも、どんな経営者でも、そういう時期は必ず一度はあると思います。

一方、造花のレンタルは、人工樹木に少し遅れて開始しました。

こちらは当初、仕入先から造花の完成品を送ってもらっていました。私にはフラワーアレンジメントの技術がなかったので、そうするしかなかったからです。作る手間が省けて最初こそよかったのですが、すぐに大きな問題にぶち当たりました。

こちらの思いどおりに完成品が仕上がってこないのです。

言うまでもありませんが、レンタルする造花は、きれいな花であれば何でもいいというわけではありません。店舗やオフィスの環境や雰囲気に合わせ、また、花を置くスペースに応じて、的確にフラワーアレジメントすることが求められます。仕入先の完成品では、それがまったくできなかったのです。そのためにお客様の満足を得られずに、行き詰ってしまいました。

困り果てた私に救いの手を差し伸べてくれたのは、このときも人のご縁でした。造花の仕入問屋さんに、腕のいいフラワーデザイナーを紹介してもらったのです。まさに天の助けでした。

その方がアレンジメントしてくれるようになり、明らかに品質が向上。アシスタントを何人も連れてきてくれたおかげで、技術力とマンパワーの両方を一気に充足することができました。

事業をスタートしてから約1年。フラワー事業部も商品を安定して生産できるようになり、やっと事業としての体裁が整いました。

事業を発展させた営業の仕組みづくり

フラワーデザイナーが来てくれてから商品バリエーションも増え、それを写真に撮って作品集を作ったところ、非常に強力なセールスツールになりました。体制が整うと、好循環が生まれるようになるものです。

次の課題は、事業を大きく発展させることです。営業社員を1人、2人と増やす程度では、発展性はありません。何らかの仕組みを工夫して生み出すことが必要だとは考えましたが、どうすればよいかわからず、悩ましい日が続きました。

私は学歴もなく、人より多くの知識を得るためには、本を読むしかないと思っています。このときも古本屋に出向き、抱えきれないほどの本を買ってきては、ジャンルを問わず、片っ端から読み漁りました。本にヒントを求めたのです。そこで見つけた事例が、戦前の花王シャンプーの販促手法でした。

戦前の日本では固形石鹸で髪を洗うのが常識だったので、液体のシャンプーがどんなものなのか理解されず、それで敬遠されていたといいます。液体で髪を洗うと、赤くなるという迷信までまことしやかに噂されたようです。逆に、シャンプーのよさを正しく理解されれば、受け入れられるはずだと考えた花王は、無料で試供品を配ることにしたのです。それが大当たりしました。

私は、これだ！　とひらめきました。

早速、レンタル造花のよさを知ってもらうために、試しに置いてもらう「モニター営業」を始めることにしました。当時は、営業が私ともう1人、アレンジメントのが3人で、余力はありません。

そこで、学生アルバイトを雇い、店舗や事務所を商品を持って回らせ、「1週間、お試しいただけませんか」とお願いしてもらったのです。売り込みではなく無料なので、あまり断られることはありません。アルバイトでもできる簡単な仕事でした。

その上で、１週間後に私がモニター先に出向き、感想や意見を聞きつつ、契約を勧めるという手はずです。ほとんどのモニターは値段の割には効果のあることを評価してくれて、交渉するまでもなく、面白いように契約が取れました。

モニター営業によって、売上は爆発的に増加。学生がアプローチして、私がクロージングするという分業が大成功を収めたのです。このときから、私は事業を発展せるためには、仕組みをうまく構築することが非常に大事だと確信するようになりました。その考えは、現在のＦＣビジネスにつながっています。ＦＣビジネスこそ、仕組みで成り立つビジネスです。

事業を発展させるためには、新規開拓だけでは不十分です。他にも、リピート率１００％を目標に、女性営業社員によるルートセールスを起用したり、花器にもこだわって商品の付加価値を高めたり、さまざまな創意工夫を凝らしました。

ところが、売上が急増したのはよかったのですが、それによって今度は、商品づくりに追い立てられるようになりました。事業が軌道に乗り出してから、神戸と大阪に営業所を出していましたが、それぞれ月商が４００万円を超える頃から、両方の営業所の倉庫は花だらけ。足の踏み場もない状態です。生産もパンク寸前のところにまでいきました。

特に12月を乗り切るのは、死に物狂いでした。クリスマスに向けた旺盛な需要をなんとか乗り切ったかと思う間もなく、クリスマス明けから年末までの間に、一斉に正月バージョンに入れ替えなければなりません。近所の主婦を集めて手伝ってもらい、それでも大晦日まで働き詰めで、年が明けてやっと一息。ホッとするよりも、毎年やってくるのかと思うとゾッとする始末です。

こんなことを言うと罰が当たりますが、これ以上、売上が増えたらどうしようと真剣に悩みました。事業を継続・発展させるには、生産の仕組みづくりが求められる時期にきていたのです。

少し話は変わりますが、この頃のことで、苦い思い出があります。事業がさらに拡大して、営業社員が4～5名に増えていました。

この頃の私は、仕事にのめり込み、売上を上げることに躍起でした。モニター営業の成功で自信が高まり、部下に対してスパルタ式で臨んでいました。1日1件の契約が取れるまで帰さないほどでした。まさに鬼軍曹。社員はいつもピリピリとし、社内はすさまじい雰囲気だったはずです。でも、私は順調に伸びる売上に目を奪われ、社内のことには無関心でした。その間、社員はみな不満を募らせていったようです。

それがあるきっかけで爆発し、突然、社員全員が揃って辞めていったのです。

「小田部長にはついていけません」というのが彼らの言い分でした。

予想だにしない出来事に驚愕すると同時に、私にとって非常に大きなダメージとなりました。初めての挫折だったといえるでしょう。何が悪かったのか、どうすればよかったのか。答えのない問いがぐるぐると頭をめぐり、私は深く傷つき、落ち込みました。

松井会長には「一週間休ませてください」と泣きつきましたが、「この状況から逃げるな」と発破をかけられました。そして、寿司屋に連れて行ってもらい、「お前にはこんなつらい思いをさせたくなかった」と慰めてもらいました。

この事件で、私は社員の働きぶりや社内の様子に、もっと目を向けなければならないと考えるようになりました。社員への対応を変え始めたのもこの頃のこと。苦い思い出となりましたが、私にとっての大きな転機ともなりました。

しかし、正直に白状すると、そのときはまだ自分が悪いとまでは思っていませんでした。辞めていった者が悪いのだと。社員がイキイキと働ける会社づくりこそ、経営者の大きな責務だと気づくには、盛和塾との出会いまで待つことになります。

ＦＣシステムと合理的な営業計画の導入

大きな挫折を経験しながらも、造花レンタル事業の勢いはいっこうに衰えません。ついに１９９６年11月、フラワー事業部は株式会社ベレーロとして、ダイキチからの独立分社を果たしたのです。これまでの苦労が新会社設立というかたちで実り、感慨もひとしおでした。私は取締役営業部長を拝命し、引き続き、新会社べレーロをけん引することになりました。

しかし、生産現場は変わらず多忙を極め、生産の仕組みづくりという課題は残ったままでした。いっこうに妙案が浮かばず、時間だけが過ぎてゆきました。

それを打破するヒントとなったのは、意外にもダイキチが新規事業で始めたカバーオール事業でした。事業の詳細は後述しますが、概略をいうと、ダイキチが営業して取ってきたビルやオフィスなどの清掃業務をオーナーさんが請け負うというFCビジネスです。これを横目で見ながら、ベレーロにも応用できると考えました。

つまり、フラワーアレンジメントをフランチャイジーに任せるのです。世の中には、フラワーアレンジメントを趣味にしている奥様方はたくさんいます。彼女たちがアレンジメントした商品をご自身で配達してもらい、売上の何割かを戻すという仕組みです。大好きな趣味がお金になるなら、飛びついてくるはずです。

問題はどうやって募集するか。

奥様方がフランチャイジー募集の雑誌を読むわけがありませんし、仮に目に触れる機会があったとしても、設立1年目の知名度ゼロのベレーロに応募が集まるとも思えません。第一、広告費もかけられないのです。

そこで考え出したのが、最初は少人数でもいいので、成功事例を作ることでした。たった1人でも成功すれば、後に続くものが出てくるだろうと考えたのです。かつて野茂投手が単身大リーグに挑戦し、彼の成功が後に続く大勢の日本人大リーガーを生み出したのと同じです。私は心の中で「野茂作戦」と名づけました。

ベレーロの、このFCビジネスの計画では、商品代込みの加盟金を200万円程度に想定しました。しかし、知名度ゼロのベレーロに200万円を支払う人はなかなかいません。そこで、紹介された最初の1人は採算を度外視し、思い切って加盟金を20万円とハードルを大きく下げて加盟してもらいました。2人以降、徐々に200万円に近づければいいと判断したのです。

その1人目が、翌月いきなり15万円の収入を得たのです。これが口コミで広がり、少しずつオーナーさん（フランチャイジーのこと、以下同様）が増加。加盟金も徐々に適正に戻していきました。

そして、オーナーさんが5名まで増え、加盟金を250万円に固定した段階で、リクルートの雑誌『ケイコとマナブ』が評判を聞きつけて取材に来てくれました。この記事の反響が大きく、オーナーさんは一気に増加。いったん勢いがつくと、波及効果はさらに大きく、ベレーロのFCビジネスは軌道に乗り出しました。

こうして、レンタル先のお客様はベレーロが開拓し、商品づくりと配達をオーナーさんが担う分業体制が確立し、事業は安定的に発展していきます。私自身は特に意識したわけではなく、必然的な結果として、日本では極めて珍しい製販分離のFCビジネスが誕生しました。

ところが、その後、営業をしているのに、新規契約が減少するという低迷期を迎えた時期がありました。

営業のリーダーに確認すると、「モニター営業日だが、お客様に呼ばれたので行けなかった」「この地域はほとんど回ったので、モニター営業に行く先はもうありません」など、もっともな報告が返ってくるので、その言葉を信じていました。しかし、事態は一向に改善されません。やり方がどこか大きく間違っているのではないか。私は、徐々に危機感を抱くようになりました。

それまで私は、営業は努力と誠意とテクニックで乗り切るものだと考えていました。それが間違っているような気がしてきたのです。今なら、それが間違いだと断定できます。営業とは「確率」と「実行」に尽きます。

1ヵ月の契約目標が20件だとします。そして、経験上、モニターになってくれたお客様は、4件に1件の「確率」で契約してくれることがわかっていたとします。そうであれば、1ヵ月にモニターを80獲得すれば、目標の20件が達成できる計算になります。さらに1件のモニターを獲得するために、確率的に25件の訪問が必要だったとしましょう。80件のモニターを獲得するには、2000件の訪問が必要になります。

つまり、月に2000件、週にして500件、週5日営業するならば、1日100件の訪問を確実に「実行」することで、確率的に1ヵ月20件の契約目標が達成できるのです。

もちろん、この「確率」が絶対に正しいとは限りません。そのため、「実行」した後に検証し、違っていたなら計画を見直す必要があります。いわゆるPDCAのサイクルです。また、営業社員の努力と誠意とテクニックによって、「確率」はさらに向上するはずです。ですので、テクニックを磨くのもとても大切なことです。

しかし、基本は営業目標を設定して、そこから合理的な営業計画を立案し、後は計画どおり実行することです。

私は、無計画な営業計画と営業エリアの拡大が新規契約減少の原因であることに気づき、営業活動の思い切った方向転換を図りました。すでに事業体制が整っていたからでしょう。業績が一転、上向き始めるのに、それほど時間はかかりませんでした。

カバーオール事業の立て直しを任されて

ベレーロが軌道に乗り始めたかと思う間もなく、今度は突然、私はダイキチのカバーオール事業部の立て直しのために、同事業部の営業部長に抜擢されました。1999年6月のことです。造花レンタル事業を立ち上げ、ベレーロとして分社独立するまでに成長させた実績を買われたのでした。前述したとおり、カバーオール事業とは、ビルやオフィス清掃のFCビジネスですが、その事業が深刻な事態に陥っていたのです。

立て直しの話をする前に、ダイキチがなぜ、カバーオール事業を始めたのか、その出発点にまで戻りましょう。時代は私がダイキチに入社する少し前、今から27～28年前にまでさかのぼります。

その頃、ダイキチは大阪府貝塚市の工業団地に、レンタルマットの洗濯工場を新設しました。南海本線の貝塚駅から歩けば30分。バスもわずかな本数しか通っていない不便な場所でした。この新工場の共用部分の清掃を、松井会長は地元のビルメンテナンス会社に週3回委託しました。清掃箇所は1階の玄関回りとトイレ、2階のトイレぐらいで、2~3時間程度で済む仕事です。

しばらくして松井会長は、なぜか清掃員が頻繁に変わるという妙なことに気づきました。どうやら同じ人が続かないようです。あげくにビルメンテナンス会社は「申し訳ないが、委託契約を解除してくれないか」と申し入れてきました。人が集まらないというのです。

「そうか、不便な場所で、しかも週3回、2~3時間程度の清掃業務は、それほど不人気なのか」

松井会長は、これは大きなビジネスチャンスかもしれないと思い、しばらく心の中で温めていたといいます。

行動を起こしたのは、それから5年ほど経った頃です。松井会長は、本格的にビルの清掃ビジネスに参入するために、アメリカの大手ビルメンテナンス会社を訪問することにしました。仲介してくれたのが、レンタルマットの輸入会社を経営していたスコット・ムーアです。松井会長とは個人的にも親しい間柄で、今では私の親友でもあります。スコットはビルメンテナンス会社を2社紹介してくれました。その1社が、カバーオール社でした。

同社のビジネスは、本部が営業をして清掃業務を受注し、それを加盟しているオーナーさんが請け負うという、製販分離のシステムでした。ダイキチではそれまで、レンタルマットの配達に代理店制度を敷いていたので、この既存事業との親和性もあり、松井会長は有望なビジネスだと判断しました。

「不便な場所で、週1~2日程度、あるいは、1日1~2時間程度の小規模な清掃業務を集めて、オーナーさんに車で回ってもらうようにすれば、きっとたくさんの需要を掘り起こせるだろう。しかも、既存のビルメンテナンス会社にはニッチすぎて、真似できないはずだ」

松井会長はそう考えて、カバーオール社と交渉を重ね、同社のライセンスを取得。1997年6月、事業を開始したのでした。それをヒントに、ベレーロの事業に製販分離のFCシステムを導入したのは、前述のとおりです。

こうして始めたカバーオール事業ですが、１年も経たないうちに深刻な事態に陥りました。オーナーさんを50人以上集めたものの、本部であるカバーオール事業部の営業が機能せず、思うように仕事が取れなかったのです。加盟金を払ったのにいっこうに仕事が回ってこないオーナーさんたちから、厳しいクレームが相次いで寄せられていました。このままでは、契約違反どころか、詐欺といわれかねない状況でした。

この状況を打開するために、私に白羽の矢が立ったというわけです。

カバーオール事業部に赴任した初日の朝礼で、早くも原因はわかりました。営業社員全員が、やる気も自信もないまま放置されていたのです。

朝礼では、営業社員がそれぞれ前日の報告をすることになっていましたが、全員が口を揃えて「訪問件数１００件、見込み客ゼロ、契約なし」と繰り返すのです。嘘に決まっています。明らかにサボっています。覇気もまったくなく、事業部のムードは最悪でした。私に言わせれば、「心のコップが下を向いている」のです。

いくら水を注いでもたまりません。

昔の私なら激高していたかもしれませんが、そこはベレーロで経験済み。このまま営業に行かせてもサボるだけだと考えた私は、「確率」と「実行」の基本に立ち返り、午前中は全員に社内で見込み客発掘のテレアポに専念させることにしました。少なからず抵抗もありましたが、私が前にいるので、サボることもできません。だらけてくると、「コラァ、立ってしろ！」と怒鳴り、直立不動で電話をかけさせました。

そんな強制的な方法でも、電話を入れ続けると、不思議とアポイントが取れるものです。そして、少しでも成果が出ると、心のコップは上を向き始めます。

私は怒鳴るだけでなく、仕事が済んだ後は、皆を連れて飲みに繰り出しました。最初は仕方なく付いてきたのだと思います。しかし、飲む席でも怒鳴るような野暮な私ではありません。徐々に気心が知れてきた頃、1人が私にこぼしました。

「部長だからうまくいくんですよ。部長は営業が上手だから」

たしかに私は営業に向いたタイプだと自分でも思っています。その上に経験も積んでいます。彼の一言で、同じことを彼らに求めても、真の解決にはならないと思い至りました。

それ以来、私は「確率」と「実行」をさらに一歩進めて、どんな人間が集まってもうまく営業が機能するように、営業活動のシステム化に取り組み始めました。そして、そのシステムがうまく回るように、科学的営業管理を取り入れていきました。これが、深刻な事態に陥っていたカバーオール事業を蘇られせることになります。

私が取り入れた科学的営業管理はその後、ますます充実していき、製販分離システムの「販」を支える柱となりますが、それについては第4章で詳しく解説します。

増収増益を手放しで喜べない雰囲気

営業活動のシステム化に取り組んだ結果、窮地を脱したカバーオール事業は、その後、順調に売上と利益を伸ばしていきます。そして、私が営業部長に赴任してからちょうど3年後の2002年6月にはダイキチカバーオール株式会社として分社・独立。私は同社の代表取締役に就任しました。

その頃には、オーナーさんに安定的に仕事を回せるようになり、また、オーナーさんとなるべくコミュニケーションを取るようにしたおかげで、激しいクレームは減っていました。こうして事業がなんとか回り出し、現在に至るまでダイキチカバーオールは毎年、増収増益を続けています。

増収増益を続けてこれたのは、私が売上と利益をがむしゃらに追求した結果でもあるのです。その一方で相変わらず人の問題を抱えていました。何が不満なのか、辞めていく人間が続くのです。さすがに、かつて全員が揃って辞めていったような、それほどの事態にはなりませんでしたが、なかなか社員は定着しません。その上、オーナーさんからも激しいクレームこそなくなったものの、相手によってはギクシャクした関係が生じていました。

そのときは気がついていませんでしたが、今、振り返ると、当然の結果であることがわかります。それは、私が売上と利益の追求を唯一絶対の目標にしていたからです。

極端にいうと、当時の私は、契約さえ取れれば加盟金が入ってくるので、それでいいと考えていました。トップの私がそういう考えなので、社内も数字さえ上げればいいという風潮だったように思います。契約前の説明が多少ルーズになっても、社員は契約を取ることを急ぎました。加盟していただくことがオーナーさんにとって本当に望ましいかどうかは、二の次になっていました。

私は社員やオーナーさんとの関係にかなり苦労した時期があったので、その後ずっと口ではコミュニケーションが大切だと言ってきました。また、実際に交流のためのイベントも開催していました。

しかし、増収増益が絶対的な目標であったために、本音では社員のこと、オーナーさんのことを今ほどは真摯には考えていませんでした。これでは本当の信頼関係は生まれません。だから、社内のムードはなんとなくすさんだ感じで、オーナーさんともギクシャクしていたのです。

それでも当時の私には、どこに問題があるのかがよくわかっていませんでした。ただ、増収増益を手放しでは喜べない、なんとなくどんよりとして気持ちが続いていたのは事実です。会社経営とはこんなもんだろうという思いと、こんな気分で会社経営を続けなければならないのかという思いの間で、揺れ動いていたというのが正直なところです。

松井会長はそんな私の動揺を見抜いたのでしょう。ある日、勉強に行ってきてはどうかと、京セラの稲盛和夫名誉会長が主宰する盛和塾への入塾を勧めてくれたのです。ダイキチカバーオールが事業規模も組織も大きくなり、社長である私が我流で通すのではなく、会社経営についてきちんと学ばなければならない時期にきていたのだとも思います。

盛和塾から与えられた大きな衝撃と深い悩み

松井会長に勧められ、電話番号を調べて盛和塾に電話をかけたのですが、真っ先に「紹介者は誰ですか？」と問われました。入塾には紹介者が必要なことも知らなかったのです。それでも親切に一度、見学に来てはどうかと勧められ、直近の経営委員会に体験入塾させていただきました。

そこで、私は生涯で一番と言っていいほどの、とてつもなく大きな衝撃を受けます。

その経営委員会では盛和塾〈大阪〉の代表世話人が、社員に対する理念教育だとか、会社の存在意義だとか、利他の心だとか、普段、考えたこともない抽象的な話を滔々《とうとう》と語られました。当時の私は、社員に理念を教育することなど、まったく思ってもいません。ましてや、「会社の存在意義」や「利他の心」とは何のことかもわかりませんでした。

日常からかけ離れた話をされる代表世話人がきれいな白髪の方だったので、まるで仙人に諭されているような気持ちになりました。そして、代表世話人の次の言葉を耳にして、背筋に電気が走ったことを覚えています。

「マネージャーの育成など簡単だ。主体性と良心を身につけさせること、そのためには盛和塾での学びを真剣に伝えればいい」

私が長年、悩んできた人材育成をこの一言で片付けられたのです。

ここにはこれまでの自分の人生になかった大切なものがきっとあるはずだ。

今はまだ何かはわからないけれど、絶対にここで学びたい。

そう感じた私は迷うことなく入塾を決意。２００９年12月25日のクリスマスの日、正式に盛和塾に入塾しました。


大きな衝撃を受けて入塾した私を次に出迎えたのは、悶々とした深い悩みでした。

入塾から少し経って、私は盛和塾の経営委員会で経営体験発表をすることになりました。そして、その場で先輩方に予想もしない質問と厳しい批判を浴びせられたのです。言葉の袋叩きにあったような激しさでした。

発表の後の質疑応答は、「小田さんは、何のために仕事をしているのですか？」という質問から始まりました。

「えっ？…？…？…」

私にとっては、クエスチョンマークが3つもつくほどの意表をつく質問です。仕事をするのは稼ぐため、会社を経営するのは儲けるため。当時の私は、そうとしか考えていません。質問自体がナンセンスに思えました。それを真顔で質問されたので、何と答えていいか戸惑ってしまいました。

続いて、「小田さんにとって、清掃事業とは何ですか？」「社員や加盟店は本当に心から喜んで働いていますか？」「経営理念は何ですか？」などなど、雲をつかむような根源的な質問を矢継ぎ早にされたのでした。

唯一、経営理念だけつくっていたので、「夢を持とう、夢を形にしよう、夢に日付を入れよう」という理念を胸を張って発表したのですが、「それは小田さんの欲望を言葉にしただけのものですね」と一蹴されてしまいました。

あとは、その場を取り繕うために、いろいろと弁解じみた受け答えをしたように思います。結局、まったく噛み合わないままに、質疑応答は終わってしまいました。

その晩、ホテルに戻った私は一人悶々と悩みました。今日の先輩方からの質問は、あれは一体全体どうとらえればいいのだろうか？　まったく答えも見えず、途方に暮れたまま、ほとんど一睡もできずに朝を迎えました。

ただ、先輩方が真摯に質問されていたこと、どの質問も本質的で非常に重要であるだろうことは、肌で感じ取っていました。そして、売上と利益しか追求してこなかったこれまでの自分の浅はかさに気づかされたのです。

問題は、何をどうすればいいか、まったく見当がつかなかったことです。それでも、ここから逃げてはいけない。いくら時間がかかろうとも答えを見つけ出さなければならない。それが私に課された課題だと腹をくくりました。

このときから現在に至るまで、私は悩み続けています。まだ完全な答えにたどり着いたわけではありません。しかし、悩みながらも自社の経営理念や社会的な存在意義を模索する中で、最終的に「利他の心」に行きつくことになります。ここからダイキチカバーオールのFCモデルの独自性が築かれていきました。

盛和塾の入塾前から営業の仕組みがうまく回り出し、増収増益の道を歩み出していました。しかし、それだけでは十分ではなかったのです。盛和塾に入塾して学ぶことで、仕組みに魂を入れる作業が、やっとこのときから始まったのでした。

オーナーの声 2

夫婦二人で始めて、2年前からは娘婿も参加

藤井善弘さん
（69歳男性、中華料理店を27年経営、FCオーナー歴6年）

長年の中華料理店経営から一転、63歳のときに加盟

私は家内と二人で長く中華料理店を経営していました。最後の店は27年間、続けました。その前も別の場所でしていたので、それも含めると30年以上、中華料理店一筋でした。

6年前、急に店が暇になり出しました。このまま3ヵ月間、赤字が続いたら、そのときが潮時かもしれない。そう思っていたら、本当に赤字が3ヵ月続いてしまいました。それで店を閉店したのです。

しかし、働かないわけにはいかず、これからどうしようかと思っていたとき、新聞の折込みチラシの中に、ダイキチカバーオールのものを見つけました。それで、清掃の仕事がわからないまま、とにかく一度、話を聞こうとダイキチカバーオールに出向いたのです。正直言うと、半信半疑でした。

ところが、オリエンテーションを聞いているうちに、だんだんよさそうな仕事に思えてきました。ただ、すでに63歳になっていたので、ゼロからスタートするにはちょっと歳がいきすぎです。それをカバーするためでしょう、本部から「奥さんと一緒にされませんか」とご提案いただきました。実は家内には黙って来ていたので、せっかち

な私はすぐに帰って相談したところ、家内も賛成してくれて加盟させていただくことになりました。

いずれ、娘婿にこのまま仕事を引き継いでもらいたい。

今はせっかちに決めて本当によかったと思っています。

なにより、中華料理店を経営していたときよりも、よっぽど収入が安定しています。以前は、お客様の入りが毎日、不規則で、今日がよかったからといって、明日もまたよいとは限りませんでした。いつも決まった仕事があり、収入が安定していることが、こんなに心が休まるものだと初めて知りました。

最初は家内と二人で始めましたが、積極的に求人したわけでもないのに、いつの間にか二人のパートさんを抱えるようになり、2年前からは娘婿が一緒に働くようになりました。結局、現在では、私と家内、パートさん二人と娘婿、この5人で約30件の建物の清掃を請け負っています。そのうちの7件は娘婿に担当してもらい、全部、彼に任せています。

2年間、娘婿と一緒に働いて、最近では仕事ぶりも、すっかり板についてきたように見えます。このまま徐々に担当件数を増やしていき、いずれオーナーの権利も引き継いでもらいたいと考えています。そうなったときには、私は毎月のオーナーの飲み会の集まりやイベントだけに顔を出して、さらに楽しい人生が送れると今から期待しています。

第3章

本来のＦＣは生きがい提供業

悩んで行き着いた定義は「イキイキさせ屋」

経営体験発表でこてんぱんにやられた私は悶々と悩みながらも、答えを見つけるしかないと腹をくくりました。一気に霧が晴れるような妙案はありません。時間がかかろうが、とにかく難問を一つずつクリアしていくだけです。

そのときに、拠り所となったものは、盛和塾の「経営の原点12ヵ条」です。私は悩みを脱するために、これを愚直に一つずつ実践していこうと心に誓いました。

「経営の原点12ヵ条」とは、稲盛和夫氏が京セラやＫＤＤＩ、ＪＡＬを経営する中で、会社経営を成功に導く実践項目を12ヵ条にまとめたものです。すべて稲盛氏のオリジナルですが、ダイキチカバーオールのＦＣモデルは、ある意味、ここから再スタートしていますので、紹介しておきましょう。

■経営の原点12ヵ条

1. 事業の目的、意義を明確にする
公明正大で大義名分のある高い目的を立てる。

2. 具体的な目標を立てる
立てた目標は常に社員と共有する。

3. 強烈な願望を心に抱く
潜在意識に透徹するほどの強く持続した願望を持つこと。

4. 誰にも負けない努力をする
地味な仕事を一歩一歩堅実に、弛まぬ努力を続ける。

5. 売上を最大限に伸ばし、経費を最小限に抑える
入るを量って、出ずるを制する。利益を追うのではない。利益は後からついてくる。

6. 値決めは経営
値決めはトップの仕事。お客様も喜び、自分も儲かるポイントは一点である。

7. 経営は強い意志で決まる

経営には岩をもうがつ強い意志が必要。

8. 燃える闘魂

経営にはいかなる格闘技にもまさる激しい闘争心が必要。

9. 勇気をもって事に当たる

卑怯な振る舞いがあってはならない。

10. 常に創造的な仕事をする

今日よりは明日、明日よりは明後日と、常に改良改善を絶え間なく続ける。創意工夫を重ねる。

11. 思いやりの心で誠実に

商いには相手がある。相手を含めて、ハッピーであること。皆が喜ぶこと。

12. 常に明るく前向きに、夢と希望を抱いて素直な心で

早速、私は経営理念の作成からとりかかりました。社員の中からマネージャー数名を主担当に選び、彼らを中心にして、私が日頃、朝礼や会議の場、あるいはブロ

グの中で語っている考え方や言葉を抜粋・整理。何度も練り直して、ダイキチカバーオールの「経営理念（目的）」「PASSION（目標）」「カバーオールDNA（フィロソフィー）」を完成させました。

今から思えば、まだまだ未熟なものです。「経営理念」も「カバーオールDNA」も、その後、大幅に見直して、現在のものへと受け継がれています。当時は完成させたと思っていましたが、そこからさらに大きく進化していますので、当時のものをここに記述するのは止めておきます。

しかし、このときの経営理念やフィロソフィーは、私の日頃の考え方を社員と一緒になって整理したものであり、未熟とはいえ、決して口先だけのものではありませんでした。ダイキチカバーオールのFCモデルに魂を入れる第一歩となったのは確かです。

続いて、2010年6月には、「ダイキチカバーオールはそもそも何の会社だろうか？」という命題に取り組むことにしました。もちろん、清掃業務を請け負う

FCビジネスを展開している会社であることは言うまでもありません。「そのビジネスを通して、世の中に何を提供しているのか？」「私たちは何のために働いているのか？」という本質にまで迫ろうと考えたのです。

このときは、社員を巻き込み泊まり込みの合宿をしました。合宿に参加した社員を複数のグループに分け、各グループでダイキチカバーオールは何屋さんなのか、夜を徹して喧々諤々議論しました。

導き出された答えが、ダイキチカバーオールは「イキイキさせ屋」であるという定義です。社員全員がイキイキと働き、オーナーさんたちは清掃業務にイキイキと取り組み、その結果、お客様にイキイキと過ごせる環境を提供する。ひいては関わるすべての人をイキイキとさせ、日本全体をイキイキとさせていくというものです。

泊まり込み合宿まで行った甲斐あって、私の想像を遥かに超えた定義が生まれ、その後、大きな判断が迫られるようなときに必ず立ち返る重要な基準となりました。

FCビジネスに限界はあるか？

「イキイキさせ屋」という定義を導き出した直後、私は大阪商工会議所という晴れの舞台で、大勢の塾生を前にもう一度、経営体験発表の場をいただきました。2010年10月のことです。前回の発表からそれまでの間に、経営理念やフィロソフィーを制定。「イキイキさせ屋」という定義で、自社の社会的な存在意義も明確にしています。

私は意気揚々と二度目の発表に臨みました。

ところが、予想に反して、このときもあらゆる角度から厳しい指摘をいただくことになったのです。

とくに強烈だったのは、私の発表がまだ「営業効率」に重きを置いており、自社の事業や仕事が本質的に何であるのかが掘り下げられていないという指摘でした。

私自身は自己変革したつもりだったのですが、長年、売上や利益を伸ばすために、営業活動に猛進してきた体の垢が落ち切っていなかったのでしょう。
社員もオーナーさんも、自分たちの仕事の本質がわからなければ、本当の働きがいや喜びが湧いてくるはずがないとも言われました。そして、次のような究極の問いが投げかけられました。

「小田さんにとって、お掃除とはいったい何ですか?」

さらに、「FCビジネスには限界があるのではないか」という指摘もいただきました。いくら関係者全員をイキイキさせると言っても、FC本部とオーナーさんは、お金を受け取る側と支払う側。そこには歴然とした利害の対立があります。だから、同じ方向に向かって、一緒に仕事の本質を極めるなど、本来ありえないのではないか。それができなければ、心の底からともにイキイキとするのは無理ではないか。そのような問題提起だったように思います。

FC本部と加盟店はWin-Winの関係だと、一般的にはよくいわれます。ダイキチカバーオールの現在の経営目標でも謳っていますが、現実的には両者の利害が対立する場面はしょっちゅうあります。利害対立が避けられないなら、お金を払っていただいている以上、いっそ顧客として対応すべきように思います。ただ、そうなると仕事の本質を一緒に追求することなど夢物語であり、そこにFCビジネスの限界があるのではないかと言われました。

さて、どう考えるのが正しいのでしょうか？

簡単には答えが出ません。

もっとも、ダイキチカバーオールは、そのときすでに年商19億9000万円の会社になっていたので、まさか別のビジネスでやり直すわけにもいきません。FCビジネスに限界があったとしても、私にはそれを乗り超えるという選択肢しかなかったのです。そのため、四六時中、次のような自問自答を繰り返すことになりました。

「オーナーさんは顧客だろうか、それとも同志だろうか？」

オーナーさんは顧客ではなく、同志である

「小田さんにとって、お掃除とはいったい何ですか？」

実は、自信を持って答えられる明確な定義は、本書を執筆している現在も見つかっていません。今も、模索を続けている最中です。しかし、悩み苦しみ、試行錯誤を繰り返すことも重要だと考えていますので、それについては第4章でお話ししたいと思います。

一方で、「オーナーさんは顧客だろうか、それとも同志だろうか？」という自問自答も繰り返すことになります。

2010年10月の二度目の経営体験発表の後、私はアメリカに研修に行くことになりました。ちょうどいい機会なので、本家であるカバーオール社の関係者に手当たり次第に、「オーナーさんは顧客なのか、同志なのか？」と聞いて回りました。

それが面白いことに、聞く相手によって顧客だという人もあり、同志だという人も

あり。本家もはっきりしないのです。それだけ悩ましい課題だということだけはわかりました。

帰国してからも悩み続けた結果、いったんは、やはり顧客だろうという結論にたどり着きました。お金をいただいている以上、そう考えるのが自然です。ただし、普通のお客様ではありません。例えていうなら、会員制レストランのお客様のようなものだと位置づけました。

会員制レストランのお客様は、ファミリーレストランや大衆食堂と違い、レストラン側がお客様を選ぶことができます。お店のコンセプトにあった人だけを審査して会員にできるのです。もしも、お客様がコンセプトからは外れるようなことをすれば、ネクタイは着用してください、スリッパはおやめくださいと、指導することも許されます。

ダイキチカバーオールのオーナーさんの位置づけも、会員制レストランのお客様と非常によく似ていると考えました。加盟に際しては、ＦＣ本部の審査がありま す。加盟後も、いくら仕事ができたとしても、ダイキチカバーオールの名を汚すようなことは許されません。

このときは、我ながらうまい説明だと悦に入ったのですが、すぐに本物ではないことが判明しました。


これも社員の一言がきっかけでした。

何人かの社員と食事をしながら、おそらく私はオーナーさんの位置づけなどを語っていたのだと思います。そのとき、一人が「僕にはよくわからない」とボソボソと言い出したのです。

会員制レストランの例えは、理屈ではわかるような気がする。辻褄もあっているようだ。でも、どうしても腑に落ちないので、結局、オーナーさんにどう対応すればいいか、いつも迷っている。それが彼の言い分でした。

彼の本音は、私の心に突き刺さりました。これはマズイ。一人、悦に入っている場合ではない。理屈でわかっても行動につながらなければ、それは本物ではないということです。

私はもう一度、会社の存在意義である「イキイキさせ屋」に立ち返り、オーナーさんの位置づけを考え直してみました。そして、気づいたのです。FC本部もオーナーさんも手を携えて一緒にイキイキとするためには、同志でなければならないことを。そして、一転して次のように位置づけることにしました。

ダイキチカバーオールにとって、オーナーさんは同志である。

こう決めてから、社員は皆、自信に満ちた顔つきになったように思います。迷いがなくなったからでしょう。このときから今に至るまで、オーナーさんが同志であるという認識に一切のブレはありません。

オーナーさんと理念を共有するための行動指針

私は、オーナーさんを同志だと位置づけるためには、利害関係を凌駕する大きな志や目標、ひいては理念を共有することが必要だと考えました。でも、本当にそんなことができるのでしょうか?

客観的に調べたわけではありませんが、加盟店を同志だと位置づけているFCはまだ存在しないと思います。何度も繰り返しますが、利害が相反する場面がある以上、同志にはなれないからです。しかし、FCビジネスの限界を超えるために避けて通れないならば、存在しないからといって、諦めるわけにはいきません。存在しないなら、ダイキチカバーオールが最初の存在になるだけです。私はそう考えました。こうしてダイキチカバーオールのFCモデルは、オンリーワンの世界へと一歩踏み出すことになりました。

問題は、どのような方法で理念共有を進めるかです。

オーナーさんと彼らの下で働く社員は、ダイキチカバーオールの社員ではありません。しかも、何千人もの大集団です。限られた人数の自社の社員であれば、普段から顔を合わせ、頻繁にコミュニケーションをとっています。お互いの性格や生活環境もわかっています。時間をかけて教育することもできます。それでも理念を共有するのは簡単ではありません。

ましてや、日頃の接点が少ない何千人もの大集団と理念共有ができるのでしょうか。非常に難しい課題のように思われましたが、問題意識をもって世の中を見渡すと答えは見つかるものです。すでに成功している会社があったのです。それは東京ディズニーランドを運営するオリエンタルランドです。

東京ディズニーランドではキャスト（役者）と呼ばれるアルバイトスタッフが常時、約2万人いると聞きます。何千人という単位どころではありません。行かれた方はご存知だと思いますが、ゲスト（訪れるお客様）を迎えるキャストのホスピタリティーや接客マナーは最高級です。しかも、誰一人とってもレベルは一定です。

理念教育が徹底していなければ、できることではありません。

2万人ものキャストたちの理念教育をどのようにしているかを調べたところ、その秘密がわかりました。4つの行動規準を設定し、遵守を徹底していたのです。Safety（安全）、Courtesy（礼儀正しさ）、Show（ショー）、Efficiency（効率）が、オリエンタルランドの、たった4つの行動規準です。また、4つの重要度に優先順位をつけ、その順に頭文字を並べて「SCSE」と総称しているのです。キャストは「SCSE」の優先順位を守り、行動することによって、ゲストにハピネス（幸福感）を提供しているのです。

私は「これだ！」と思いました。

大人数に理念を浸透させるには、「何をすればいいか」をシンプルに伝えるのが最も効果的です。もちろん、シンプルなワードの背景にある意味合いをレクチャーする必要もあるでしょう。しかし、提示する形はシンプルでなければ、なかなか伝わりません。

早速、ダイキチカバーオールでも、オーナーさんに提案するため行動指針を社員ともに考えました。そして、２０１１年12月に完成したのが、次の４つの行動指針です。

■カバーオール行動指針

安全性
お客様・従業員・自身の安全性を最重要・最優先で確保する。
安全は全ての人を幸福にする。

礼儀正しく
礼儀を守れない程に忙しい仕事はない。
気持ち良く挨拶・丁寧な言葉・身だしなみは人を気持ちよくする。

コミュニケーション（報告・連絡・対話）

お客様から名前で呼ばれる人は信頼が厚い。名前で呼んで頂くには、細かな事でも報告し、連絡し、対話を欠かさない。

責任

責任とは引き受けた仕事を全うする。約束を守ることだ。

オーナーさんには、４つの行動指針を掲載した「カバーオール道」という手帳を配布しています。その手帳には行動指針について詳しい解説も載せていますが、まずはシンプルに４つの行動指針の遵守を徹底してもらっています。

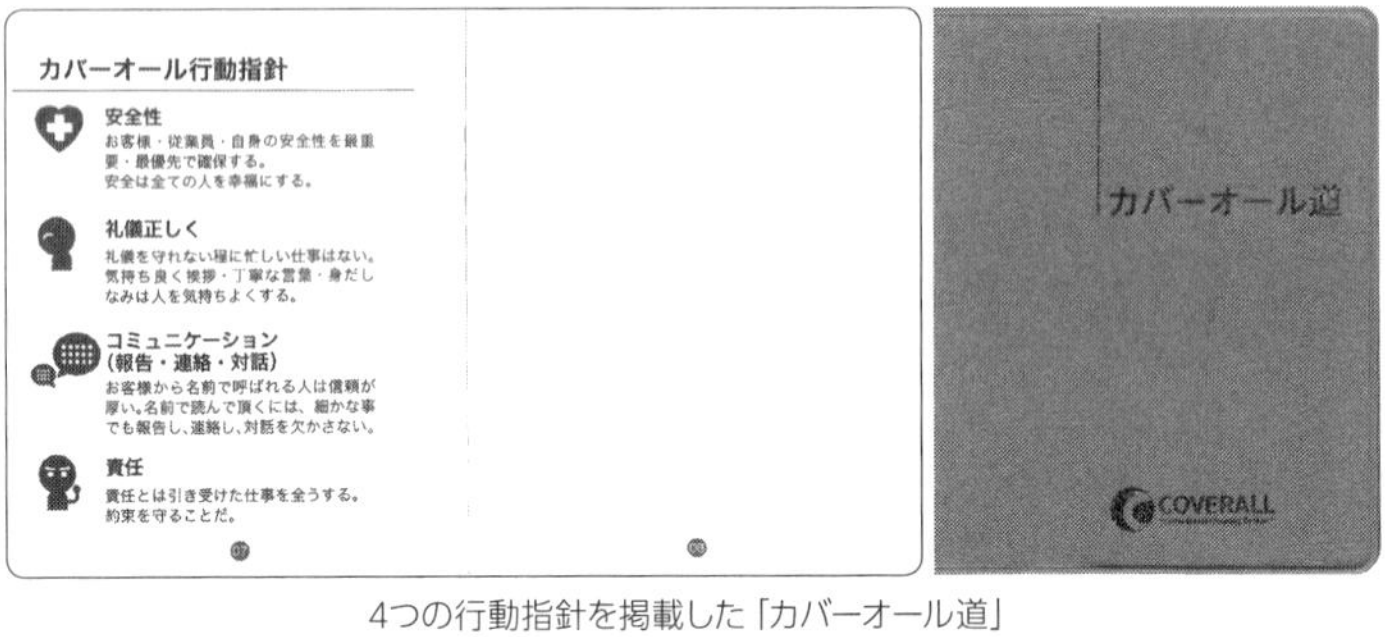

4つの行動指針を掲載した「カバーオール道」

生きがい提供業であるために必要な「利他の心」

オーナーさんを同志だと位置づけ、理念の共有をめざして4つの行動指針を制定してから、オーナーさんとの間で生じる多様な課題に、私も社員も自信を持って首尾一貫した対応ができるようになりました。

私自身が経験した象徴的な話をいたしましょう。

オーナーさんたちの加盟の目的は十人十色です。会社を大きく成長させたいと事業意欲に燃えて加盟する方がいる一方で、夫婦二人がゆとりをもって生活するだけの収入があればいいと加盟する方もいます。あるいは、人生を大きく変えたいと決意して加盟する方も中にはいます。

以前の私は、売上と利益の拡大に猛進していましたので、受注した仕事をオーナーさんたちに目いっぱい請負ってほしいと思っていました。実際、事業意欲の高いオーナーさんは人を積極的に採用し、請負件数をどんどん増やしていってくれました。それによってダイキチカバーオールもますます儲かります。ありがたいことです。

ところが、今の仕事量で十分。満足に生活できているので、仕事を増やしたくないというオーナーさんも少なくないのです。これ以上、儲けるつもりはないという考えは、当時の私には理解できませんでした。口ではそんなこと言っているけど、本心はもっと稼ぎたいに違いないと疑ってもいました。同時に、もっとがんばってもらわなければ困ると思い、実際にそう伝えたこともありました。

しかし、話せば話すほど、掛け値なしの本音であることがわかりました。

今では、当時の私が間違っていたと確信をもって言えます。

人生、人それぞれです。会社の発展を目標にがんばることで、イキイキとする人もいれば、儲けるよりも、余暇をイキイキと楽しむ人もいます。どちらに価値があるとか、正しいとか、比べられるものではなく、それぞれに価値があり、正しい生き方です。だから、本当の「イキイキさせ屋」であるならば、以前の私の価値観、つまり売上と利益を追求するという生き方を全員に押しつけてはならないのです。

必要最小限の仕事だけで満足されては、ビジネスとしては望ましくありません。

それでも、自らを「イキイキさせ屋」であると定義し、ともにイキイキをめざす同志だと位置づけたからには、目の前の利益よりもオーナーさんの生き方を尊重しなければなりません。

ここには、自分の目先の利益（ダイキチカバーオールの利益）を求める前に、他人の利益（オーナーさん一人ひとりの生きがい）を図る心が働いています。私はこれが盛和塾の教える「利他の心」ではないかと、今は思っています。

「イキイキさせ屋」という定義をもとに、ダイキチカバーオールでは何度も議論を重ねて、現在の「経営目的」を完成させました（149ページ）。この中の「本部目標」は次のように記述されています。

FCオーナーを清掃事業経営者に育成・支援する事で、ご家族を含めた物心両面の幸福を追求します。

追求するのは「物心両面の幸福」です。「物」についての幸福を追求する方法は、誰であっても、原則同じです。突き詰めれば、利益の追求に他なりません。しかし、「心」についての幸福は、人それぞれ千差万別です。その点で、ダイキチカバーオールのオーナーさんたちは、一般のFCの加盟店と違って、実にさまざまな働き方、生き方をしています。

前述したとおり、夫婦二人がゆとりある生活を送れればいいと考えるオーナーさんもいます。反対に、ダイキチカバーオールに加盟しながら、その後、別のFCにも加盟して多角化を図っているオーナーさんもいます。

人生に失敗して再起を図るオーナーさんもいます。

40歳をすぎてから働き出した女性のオーナーさんもいます。

とくに、資格や技術を持たない40代以上の女性は、女性の活躍する時代だというスローガンとは逆に、現実的には働ける場所はあまりありません。ダイキチカバーオールでは、女性でも稼げる女性専用のFCパッケージ（新しい女性の働き方キャニーさん募集サイト　cany.jp）も開発しました。

「利他の心」に基づき、オーナーさん一人ひとりの生きがいを重視するならば、多様性を認めることは必然の成り行きです。

こうした経験を踏まえて、本当のＦＣビジネスとは、「利他の心」に基づく「生きがい提供業」だという結論に至りました。

新しい女性の働き方　キャニーさん募集サイト

経営理念が明確であれば、〝遊び〟があってもゆるがない

かつてこんな経験をしたことがあります。

ある日、60歳に届こうかという男性が、オーナーさん募集の説明会にやってきました。事情を聞けば、経営不振のために、20数年間ご商売をされていたお店を畳んだところだと言います。そして、手持ちの資金100万円だけで、加盟を強く望まれたのでした。

100万円では、加盟していただくための頭金にも届きません。年齢的にも今から始めるには、厳しいものがあります。私は男性のためを思って、加盟していただくのは難しいと伝えました。

しかし、彼は何度も何度も懇願されます。

「ここを断られると働くところがありません！　何とかお願いします」

悲痛な叫びでした。

いくら説得しても引き下がらない彼を前に、私はどうしたものかと悩み困惑しながらも、ふと思いました。

「私は、何を迷っているのだろう？　働きたくても働けない人たち、そして、こんなに熱心に希望されている人たちを受け入れることこそ、ダイキチカバーオールの使命ではないのだろうか」

たしかに100万円の頭金で加盟を認めるのは自ら作ったルール、それも採算性から厳密に導き出したルールを破ることになります。しかし、社会的使命をないがしろにしてまで守らなければならないルールなど、意味があるのでしょうか。

こんなときこそ、胸に手を当てて「利他の心」に則った行動はどうあるべきかを考えるときだと思いました。そして、トップの判断で、例外措置として彼をオーナーさんとして迎え入れることを決めました。

加盟後の彼は奥様と二人で真面目に清掃業務に励み、今では娘夫婦も呼び寄せて、月商169万円をあげて大活躍しています。

オーナーさんの多様性を認めたり、例外措置をとって加盟を認めたり、ダイキチカバーオールのFCは、ずいぶん裁量の幅の大きなモデルだと思われたでしょうか。思われて当然。まったく、そのとおりです。

一般的に従来のFCは、緻密な契約書やマニュアル、徹底したシステムなどで成り立つビジネスです。裁量の余地を認めると、不公平が生じたり、事業の安定性を損なったり、トラブルが生じる恐れがあります。ただ、それは逆に、マニュアルやシステムに依存した、主体性に欠けるビジネスだともいえなくはありません。

主体性をもって臨むことができれば、多少マニュアルやシステムでカバーできない領域が残っていても、的確な判断ができるはずです。ただし、そのときの判断にブレが生じないよう、確固たる理念が必要になります。

ダイキチカバーオールのFCビジネスも、もちろんマニュアルやシステムなどさまざまな仕組みは整備しています。しかし、仕組みに収まりきらない裁量の余地を残し、それを「利他の心」で埋めています。

突き詰めれば、私は「FCビジネスの限界」を超えるために必要なのは「利他の心」だと考えています。「利他の心」をもってすれば、盛和塾の経営体験発表で問題提起された「FCビジネスの限界」は超えられるものと信じています。

今、実際にFCビジネスを展開している経営者の方も、これから参入しようと考えている経営者の方も、ぜひ一度、「利他の心」という視点で自らのビジネスを再評価、再点検してみてください。ダイキチカバーオールのFCモデルも、まだ決して完成したとは言えません。試行錯誤しながら、あるべき新しいFCモデルを皆様と一緒に築き上げることができればと願っています。

盛和塾を参考にして、未来塾をスタート

ダイキチカバーオールは、私が盛和塾に入塾する前から（ありのままに言えば、私が売上と利益の追求に血道を上げていた頃から）、オーナーさんとコミュニケーションを図る機会や仕組みは作っていました。もっとも、あのときはまだ売上と利

益を追求するための手段であったと反省しています。

それでも、仕組みをつくってきたことには大きな意義がありました。盛和塾で学ぶことで、売上と利益のための手段だったオーナーさんとの関係づくりに、魂が入るようになったからです。おかげで、私たちFC本部とオーナーさんとの間には、他のFCには見られない、和気あいあいとした関係、そして、非常に強い信頼関係が築けていると自負しています。

実際にどのような方法で、オーナーさんたちとコミュニケーションをとっているかを年間のスケジュールに沿って紹介いたしましょう。


毎年1月には、新たな決意のもとに、その年の目標を掲げた方針発表会を行っています。オーナーさん全員に呼びかけて、ご夫婦で参加していただく規模の一番大きな集まりです。ダイキチカバーオールの1年間の経営方針を発表するとともに、成功しているオーナーさん4名に「経営体験発表」をしていただき、苦労しながらもがんばった成功体験（ベストプラクティス）を全員で共有します。

会の後半では、優秀なオーナーさんを年間表彰したり、さまざまな余興を盛り込んだ懇親会を開いて、集まったオーナーさんたちの交流を図っています。年に一度、この方針発表会でしか顔を合わさないオーナーさん同士もいて、貴重な機会となっています。

5〜6月には、大阪、南大阪、京都、神戸、名古屋、それぞれの地区本部主催でBBQ大会を開催しています。ここにはオーナーさんの家族も揃って参加し、懇親を深めていただいています。

10月がパイオニア交流会。普段、顔を合わせない、地域を超えたオーナーさんたちの交流会です。

11月にはオーナー総会が行われます。FC本部に対する要望事項などが議論され、決議されます。ここには私をはじめ、ダイキチカバーオールの社員は参加しません。完全にオーナーさんに任せています。

この他、不定期ですが年に2回、オーナーさんの奥様方を中心に開催している女子会や、ゴルフやツーリングなどの趣味の会なども開催しています。

方針発表会やＢＢＱ大会、オーナーさんだけが集まるオーナー総会など、開催することも自体、ＦＣとしては非常に珍しいと思いますが、それ以上に、心から楽しみ、本音で語り合えるコミュニティが形成されています。

さらに２０１５年からは、新たに盛和塾をモデルにした「未来塾」を開催しています。従業員を雇用するオーナーさんに限定した勉強会です。５月から翌年１月まで、毎月、コンサルタントを招き、一緒に経営を学びながら、お互いに切磋琢磨しています。そして、自社の中期経営計画を作成し、最終回の２月に、各社の従業員も招き、中期経営計画を発表します。

２０１５年５月から翌２０１６年２月まで実施した第１回未来塾では、31名のオーナーさんが参加。２月の発表会には、見学を希望するオーナーさんにもオブザーバー参加してもらいました。２０１６年５月から翌２０１７年２月まで実施している第２回では、17名のオーナーさんが参加しています。第１回にオブザーバー参加したオーナーさんは、見学することで大きな意義を見出したのでしょう。多くの方が第2回に正式参加しました。

ダイキチカバーオールほど、FC本部とオーナーさんとの交流を進めているFCは他にはないと思います。むしろ、普通のFCならオーナーさん同士が密なコミュニケーションをとるのを嫌がると聞きます。それにもかかわらず、ダイキチカバーオールで積極的に推進しているのは、オーナーさんに生きがいを提供し、イキイキと働き、イキイキと人生を送ってもらうためであり、そこにダイキチカバーオールの「利他の心」が働いているのです。

オーナーの声3

マイペースで仕事でき、ストレスもなく、将来も有望

川端博幸さん
（62歳男性、公立中学校の教員を34年、FCオーナー歴2年）

私と妻、息子二人と娘一人、家族5人全員の清掃チーム

私は34年間勤めた公立中学校の理科の教員を早期退職した後、1年半ほど無職で過ごしていました。そんな折に、ケーブルテレビでダイキチカバーオールを知りました。それで妻がすぐに電話して、お話を聞きに行くことになったのです。妻がずいぶん積極的で、私は後ろにくっついて行ったようなものでした。

小田社長とお会いするのは初めてでしたが、お話を聞いて「ああ、この人は他人を騙すような人ではないな」と直感しました。教員という職業柄、たくさんの保護者と深く関わってきましたので、人を見る目はあると思っています。小田社長は信頼に足る方だと判断しました。その判断は間違っていなかったわけです。

また、これも教員だからだと思うのですが、お掃除は校内で毎日のようにしていました。ダイキチカバーオールに加盟すれば、それがお金になるのですから、ありがたい話です。それで、やってみようかという気持ちになりました。もちろん、建物の清掃業務は、学校でのお掃除のレベルではありませんが、私には向いている仕事でした。

最初は、妻と二人で始めたのですが、すぐに次

男も一緒にやるようになりました。次男は就職氷河期に大学を卒業し、正社員での採用が決まらず、フリーターのようなことをしていました。1年後には、会社勤めを辞めた長男も合流。その頃から妻は現場を離れ、家で作業着の洗濯や清掃道具の洗浄を担当しています。さらに最近では、長女が領収書の整理や作業時間の管理など、事務的な作業を手伝ってくれています。

期せずして、家族全員で「チーム川端」が結成されることになりました。

将来はもっと事業を拡げ、息子たちに任せていきたい

今はダイキチカバーオールのFCに加盟して、本当によかったと心から思っています。

教員時代はほとんど休みもなく、夜遅くまで働き詰めでした。日曜日も部活の指導など、何かしら仕事がありました。有給休暇をとった覚えもありません。夏休みや冬休みなど長期休暇があると誤解している人もいますが、それは生徒の話であって、教員にはありません。ですので、当時の私の家庭には一家団欒はありませんでした。

しかし、今は違います。

仕事は夕方に終わりますので、毎夕、家族全員が揃って食卓を囲んでいます。昔はあり得なかった風景です。仕事自体も、お客様への責任は大きいですが、上司がいるわけでもなし、やるべきことをやれば、自分たちのペースでできます。教員時代のようなストレスはありません。それもこれもダイキチカバーオールのおかげです。

私は62歳ですが、息子と娘はこれからが長い人生です。最終的には本人たちが決めることですが、将来は事業を拡げて、子どもたちに任せていきたいと考えています。今の時代、会社勤めよりも、よっぽど健康的で安定した人生が送れると思います。

第4章

営業を支える本部のイキイキ社員たち

オンリーワンモデルを支えるFC本部の営業活動

第3章では、ダイキチカバーオールのオーナーさんに対する考え方や関係づくりを説明してきました。その中で、次の2つの独自性の意義をご理解いただけたのではないかと思います。

独自の特長その②
本部とオーナーさんが理念を共有し、利他の心をもって、Win‐Winの関係を築いたFCモデルであること。

独自の特長その③
オーナーさんの「利益」を追求するだけでなく、「生きがい」を提供するFCモデルであること。

そして、この2つの独自の特長を発揮できているのは、一つ目の独自性が確立しているからです。

独自の特長その①
加盟事業者であるオーナーさんが営業活動を一切しなくてよい「製販分離」のFCモデルであること。

つまり、「製販分離」の役割分担の上に、オーナーさんとの強い信頼関係が成り立っているといえます。また、「製販分離」がうまく運営できているのは、FC本部における営業活動が成果を上げ続けているからに他なりません。FC本部の営業活動がダイキチカバーオールのオンリーワンモデルを支える土台となっています。

では、なぜダイキチカバーオールの営業活動が成果を上げ続けることができているのでしょうか。それは天才的なセールスマンがいるわけではなく、決して時流に乗った勢いでもなく、理にかなった営業の仕組みを築いてきたからです。第4章では、営業の仕組みについて解説いたします。

ちなみに、「製販分離」モデルでは、オーナーさんは一切、営業する必要はありません。その点をとらえて、オーナーさんが一人前の経営者に育つのを阻害するモデルではないかとの意見をいただくことがあります。営業は経営の要であり、そこをFC本部に依存すると、経営の主体性を失ってしまわないかという危惧です。

しかし、私は営業をしないことが半人前だとは思っていません。FC本部が集中的に営業活動を行い、一方でオーナーさんは清掃業務に特化して専門性を高めるという役割分担を敷いた方が圧倒的に競争力は高まります。また、その中で経営者としての人格や技量が鍛えられると考えています。

この後の営業の仕組みづくりでも申し上げますが、何でもできるスーパーマンは、世の中にたくさんはいません。仮にいたとしても、スーパーマンに頼ってしまうと、何らかの事情でその人がいなくなったとき、一気に事がうまく回らなくなります。非常にリスクの高い方法です。

それよりも、各々の持ち味を生かして役割分担をし、お互いに支え合う方が、長い目で見ると事業は安定し、発展します。

アメリカで初めてＦＣが誕生した経緯を思い出してください（21～25ページ）。メーカーが自社だけでは手の回らない販売を補うために、「製販分離」によるＦＣが自然発生的に生まれ、それが成長・発展してきたことからも、その有効性は証明されています。

科学的な営業手法で属人性を排除

もっとも、ダイキチカバーオールでも当初から営業の仕組みを整備していたわけではありません。私も最初は営業社員の個々のスキルを重視していました。そして、スキルアップのために、営業社員一人ひとりを鬼軍曹さながら厳しく指導していました。

ところが、前述のように、私を目覚めさせてくれたのは、ある社員の一言です。

「部長だからうまくいくんですよ。部長は営業が上手だから」

よくぞ言ってくれたと思います。

「そうか、誰かれなく私と同じことを求めても無理なのか」

それから私は、スーパーマンでなくても、凡人でも成果の上がる仕組みづくりを考え始めました。

同時に、個々人のスキルに頼っていては、いつまでたっても泥沼から抜け出せないことにも気づいたのです。人が定着しないという泥沼です。

その頃のダイキチカバーオールでは、厳しい指導についていけずに、多くの社員が早々に辞めていきました。私はそれでもいいと思っていました。ひ弱な社員は辞めていけばいい。がんばれる社員が残れば強い営業部隊ができると考えていたのです。

ところが、強い営業部隊はいっこうにできませんでした。がんばって残った社員も一人前になって自信を持ち出すと、何の遠慮もなく、もっと条件のよい（と思われる）会社に転職していくからです。厳しく指導してやっと一人前に育てたかと思うと、すぐに辞めていく。その繰り返しで、私は何をやっているのだろうかと、落ち込みました。

それもあって、個々人のスキルに頼らない営業の仕組みづくりを真剣に考え始めたのでした。

そういう目で世の中を眺めてみると、上手に仕組みを回している成功事例はいくらでもありました。例えば、住宅や自動車の販売です。いずれも、ベテランの営業社員が夜討ち朝駆けで家庭を訪問し、手練手管で成約に持ち込むといったような旧態然の営業をやっているところは、一流の会社を見る限り、今はどこもありません。飛び込み営業も行われてはいますが、それも仕組みの中の一つの手法として位置づけられています。

住宅メーカーの事例を見てみましょう。ご存知の方も多いと思いますが、住宅の販売は次のような工程で流れています。

←　新聞折り込みチラシやＤＭで見込み客を住宅展示場へ誘う。

住宅展示場のモデルハウスでは、説明員が応対し、アンケートをとる。
←後日、アンケートの中から、購買意欲の高そうな見込み客に電話を入れる。
←電話でアポイントが取れれば、営業社員が説明に出向く。
←営業社員だけで説明し切れない段階にくれば、技術営業が同行する。
←場合によっては、資金計画の専門家を連れていく。

こうした工程で成約に至り、成約に至らなかった見込み客は、引き続き顧客管理部門でフォローする。

細かな点を省くと、大きな流れはこのようになっています。見事な分業体制です。チラシの制作部門は集客力の高いチラシづくりに専念し、モデルハウスの説明員は売り込みはせず、見込み客が求める情報をわかりやすく提供します。営業社員は購買意欲の高そうな見込み客を訪問して個別の相談に応じます。また、この仕組みがきちんとできていれば、モデルハウスの説明員は、いつものAさんに代わって急きょBさんが務めることも可能です。

先ほど私は「住宅の販売は次のような工程で流れます」と書きましたが、まさに工場のように営業活動が複数の工程に分けられています。工程化するためには、営業プロセスをいったん科学的に細分化し、今度はそれを分業が成り立つように再構築しなければなりません。私はこれを「属人性を排除するための科学的営業手法」と呼んでいます。

営業の仕組みをつくることが重要だと考えた私は、活用できそうなツールやシステムを積極的に試し、よいものはどんどん採用しました。そして、仕組みが整うに従って、FC本部の営業成績は確実に向上していきました。カバーオール事業が立ち上がった1年目を除き、私が関与するようになってからは、事業を急速に拡大しながらも、オーナーさんに回す案件が不足して困るようなことは一度もありませんでした。

凡人でも成果の上がるシステムとツール

ダイキチカバーオールの営業活動を具体的にイメージしていただくために、営業の仕組みを支える主なシステムやツールをいくつか紹介いたしましょう。

代表的なものに、CTI（コンピューター・テレフォニー・インテグレーション）というシステムがあります。営業訪問のアポイントメントを取るための電話を効率的にかけるシステムです。第2章で、営業の成否を左右するのは、「確率」と「実行」だと申し上げましたが（78ページ）、CTIは一定の「確率」でアポを取るために、テレアポを効率よく「実行」するためのシステムです。

私が初めてCTIを見たのは、アメリカのカバーオール社のコールセンターです。そこではCTIを使って、一人のアポインターがいっぺんに4回線の電話をオートコールしていました。4本同時に会話できるはずがないのに、どういうことかというと、最初の1回線がつながった瞬間、他の3回線は自動的に切れるようになっています。このようにして、相手が電話を取るまでの時間を短縮し、次々とテレアポ（テレフォンアポインター）を行っていました。

私はその威力を目の当たりにし、高額投資にはなりましたが、CTIをためらいなく導入しました。ただし、4本同時にオートコールするような使い方はせず、ダイキチカバーオールの事業規模に合わせてカスタマイズして使っています。

テレアポに使うリストもピンキリです。電話帳は五十音に並んでいて住所がバラバラなので、アポが取れても訪問先が散らばり、非効率な営業しかできません。信用調査会社などが発行している業種・業態別のリストは基本データを集めただけなので、アポの取れる確率は高くありません。

最も有効なのは、「自社がすでに一度、営業をかけた先」「アプローチして商談にまで持ち込んだ先」「見積を提出したが成約に至らなかった先」などのリストです。電話帳や信用調査会社のリストは誰でも購入できますが、このリストは自社独自の情報の詰まった財産です。

「一度断られたら終わり」と考えてリストから外す会社もあると聞きますが、私に言わせれば、それほどもったいないことはありません。チャンスは1回だけではないからです。

ダイキチカバーオールでは、この最も有効なリストをCTIに登録し、顧客のプロフィールや過去の履歴を画面で見ながら、定期的にテレアポをかけています。再度アポが取れなかった場合でも、その電話で新たに得られた情報やアポの取れなかった理由などをCTIに入力し、全社で共有しています。ただし、既存のリストだけでは、移転や倒産などで登録数は目減りしていきますので、新たなリストを入手して、そこにもテレアポはかけています。

先に紹介した住宅メーカーの事例では、アポインターと営業社員は分業していましたが、ダイキチカバーオールでは一人の営業社員が週の前半にテレアポをかけ、週の後半にアポの取れた見込み客を訪問するというサイクルで動いています。また、アポの取れた見込み客は、次に独自に開発した「営業プロセス管理システム」

に登録されます。

システムやツールは社員教育にも威力を発揮

この「営業プロセス管理システム」も営業活動を支える強力な武器です。もともとは「eセールスマネージャー」という既存のソフトを使っていましたが、その後、さらにブラッシュアップするために、独自の「営業プロセス管理システム」を開発しました。

このシステムもCTIと同じように、見込み客の情報が登録できるようになっています。CTIに登録されるのが、主としてテレアポによって得られた情報であるのに対し、「営業プロセス管理システム」は、アポイントが取れてからの営業活動全般の詳細な情報を登録できます。見込み客を訪問し、ヒアリングして得られた情報やその後の商談内容です。当然、それらの情報は社内で共有され、成約に向けて、その次の営業工程で有効に活用されます。

また、これはＣＴＩにも当てはまるメリットですが、「営業プロセス管理システム」は見込み客情報の蓄積・活用に有効なだけでなく、営業社員の教育にも威力を発揮します。

ヒアリングや商談情報は、登録画面から営業社員が入力するのですが、登録画面を見れば、成約に至るまでの営業工程を確認できるからです。次にどんな情報を収集して登録しなければならないか、あるいは、次にどんな行動を起こす必要があるのか、営業社員をエスコートしてくれます。

かつてベテランの営業社員が独り占めしていた暗黙知が、登録画面に形式知として表示されているといっていいでしょう。「営業プロセス管理システム」の手順に従って、素直に営業工程を進めれば、半人前の営業社員でも成果が上がる仕組みになっています。それに加えて、情報が全社で共有されているので、上司が部下の行動を把握・評価し、アドバイスするのにも非常に役立っています。

もはや個々人のスキルに頼る時代は終焉したのです。

この他、半人前でも凡人でも成果の上がる、暗黙知を形式知化したさまざまなツールがあります。

その一つ、「商談シナリオシート」とは、成り行きで商談するのではなく、あらかじめ自分なりのシナリオを作っておき、それをもって商談に臨むためのシートです。聞かれそうな質問を想定して答えを用意したり、相手が断りモードに入った場合の対応策を備えておくなど、相談の流れに沿ってシナリオを組み立てておきます。

「商談シナリオシート」を作っておかないと、思わぬ質問にうろたえたり、伝えなければならない大事なことを忘れたり、脈絡のない商談に終わってしまう恐れがあります。

また、営業社員同士が「商談シナリオシート」を回覧したり、それをもとにロールプレイングすることで、擬似成功体験も得られます。疑似体験であっても、勝ちパターンを身につければ、営業力はおのずと向上します。

次に「自己紹介シート」は、営業社員が自分の名前、年齢、出身地、出身校などの情報を書き込んだシートです。

たいていの人は、営業社員が訪ねてくれば「何か買わされるのではないか」と警戒心を抱きます。その状況で打ち解けて会話するのは、簡単にできることではありません。それをサポートするのが「自己紹介シート」です。

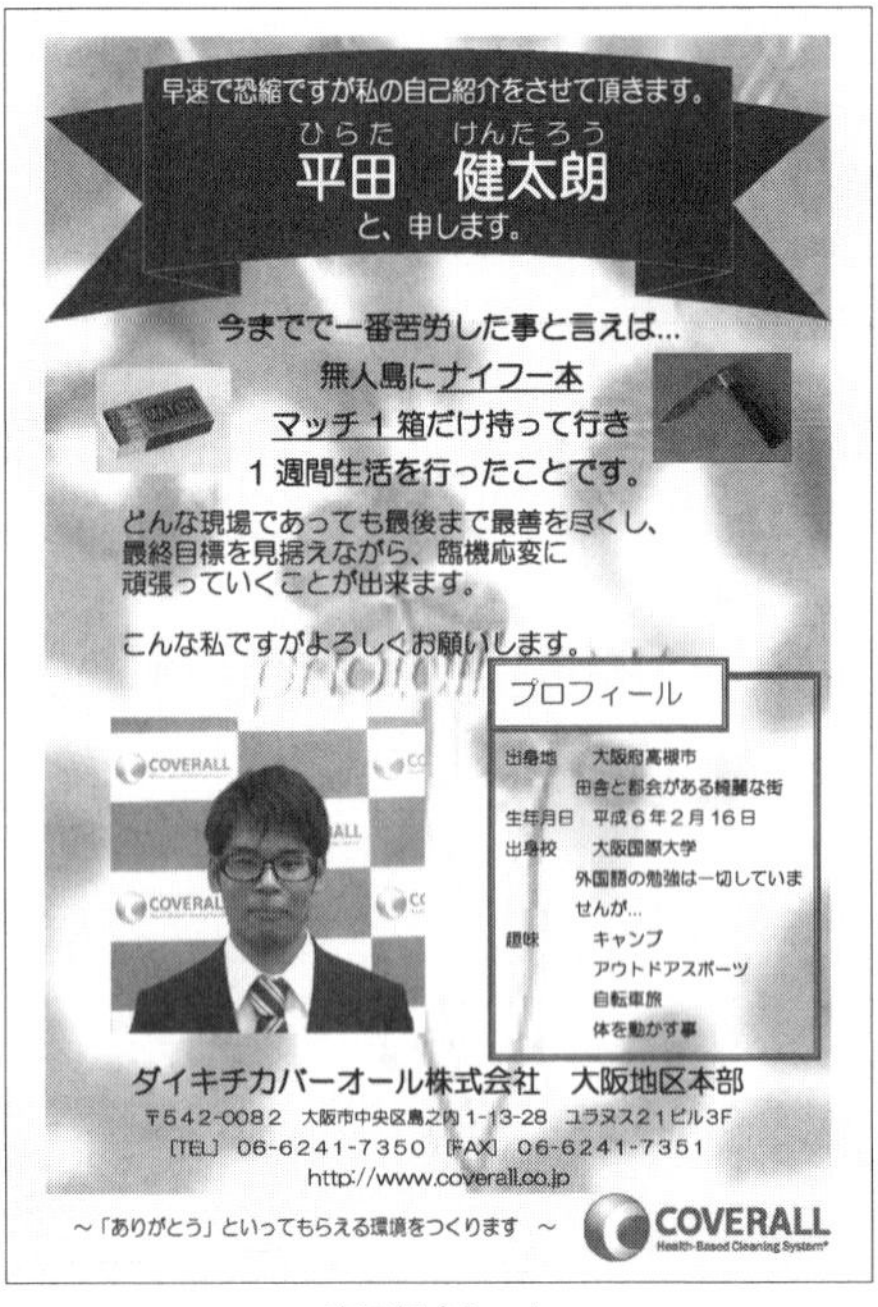

自己紹介シート

例えば、出身地が同じであれば、それが会話の糸口になる場合があります。いきなり口頭で出身地を告げるのは不自然ですが、シートを見せるだけなら自然にできます。「チャラく見えるかもしれませんが、天然パーマなんです。まわりから毎日、坊主にしろと言われています」とでも書いておけば、イジッてくれるかもしれません。そういった経験を繰り返して自信がつけば、そのうち「自己紹介シート」は必要なくなります。

社員とともに練り上げた経営理念

気をつけなければならないのは、ＣＴＩも「営業プロセス管理システム」もあくまでも道具にすぎないということ。いくら優れた道具でも、活用する側の社員のモチベーションが低ければ宝の持ち腐れになります。ですので、システムやツールといったハードの仕組みを整備するだけでなく、社員全員がその仕組みを活用する目的を理解して、主体的、積極的に取り組むのが重要です。

これらを活用して何を達成しようとしているのか。

目的に沿うためには、どのように活用すべきなのか。

これらがなぜ、オーナーさんやお客様に役に立つのか。

ひいては、それがなぜ社会に貢献することになるのか。


など、トップを筆頭に社員全員が同じ答えを持って臨まなければなりません。

非常に有名ですが、3人のレンガ職人の話があります。紹介される書物によって多少ディテールは異なりますが、おおむね次のような話です。

工事現場を通りかかった旅人が、レンガを積んでいる3人の職人に、何をしているのかとたずねました。

1人目の職人の返事は、「見てのとおり、レンガを積んでいるのです」

2人目は、「レンガを積んで壁をつくっているのです」

3人目は、「多くの信者が集うことのできる教会を建てています」

もうおわかりだと思います。3人目の職人だけが、レンガを積む目的（社会的意義）を理解して、それに向かって仕事をしています。彼だけが、信者にとって安全で居心地のいい教会を納期に間に合うよう完成させるために、どうするのがベストなのかを考えながら、質の高い仕事をするでしょう。彼自身も世の中に役立つ仕事をしていると自覚しているので、イキイキと働いているはずです。

CTIを使って電話をかけているアポインターに、何をしているのかとたずねたとしましょう。ダイキチカバーオールに今はそんな社員はいませんが、「訪問のためのアポイントを取っています」と答えるようでは、1人目の職人のレベルです。これでは電話を通して、どんな情報を集めてどう活用するのか、そのためにどう対話すればいいのか、知恵を働かせることはないと思います。

社員を3人目の職人に育てるためにトップがしなければならないのは、レンガを積む目的を教えること。つまり、自社が何のために事業をしているのか、どのような社会的意義を果たすのかを明確にして、社員全員が理解できるように教育することです。

実は、私が科学的な営業管理手法を採り入れようと考え、CTIや「営業プロセス管理システム」などを導入した時期は、盛和塾に入塾する前でした。したがって、当初は「訪問のためのアポイントを取っています」と答えても、何の問題も感じなかったと思います。なにしろ、トップの私でさえ「会社経営の目的は儲けること」と考えていたぐらいですから。

そのために増収増益を続けながらも、多くの社員は目を輝かせてイキイキと働くことなく、辞めていきました。私自身もどんよりとした気持ちを抱えて経営をしていたのです。

それが盛和塾で学ぶようになり大きく変わりました。自社の社会的意義を自問自答し、経営理念を一から考えることで、すでに整備していた営業の仕組みに、ここでも初めて魂が入れられたのです。

なお、前述したとおり、盛和塾に入塾して、私はすぐに社員と一緒にダイキチカバーオールの「経営理念（目的）」「PASSION（目標）」「カバーオールDNA（フィロソフィー）」をつくりましたが、そのときは未熟なレベルでした

（99ページ）。その後、「イキイキさせ屋」という定義を導き出してからも、引き続き社員と何度も議論を重ね、内容や表現をブラッシュアップしてきました。そして、完成した現在の経営理念は次のとおりです。

■経営目的

私達は安心で快適な環境を創造し続けることで関わる全ての人達がイキイキ暮らせる社会づくりに貢献します。

■経営目標1　～全社目標～

清掃サービスを通じてコミュニケーションを大切にし、お客様とその先のお客様にお喜び頂くため、常に最善を考えます。

■経営目標2・1　～本部目標～

FCオーナーを清掃事業経営者に育成・支援し続ける事で、ご家族を含めた物心両面の幸福を追求します。

■経営目標2-2　〜パイオニア目標〜

お互いの共存共栄のため、約束を守り、対話をもって信頼できる関係づくりを目指します。

■経営目標3　〜全社目標〜

働く人の主体性と良心を育むことで、ご家族を含めた物心両面の幸福を追求します。

権限委譲で社員は大きく成長

経営理念はつくっておしまいではありません。社員一人ひとりが日頃の行動に反映できるよう、社内に浸透させる必要があります。むしろ、つくったときがスタート時点です。私も事あるごとに社員に説明し、あるいは、理念に沿って率先垂範するよう心がけています。

例えば、盛和塾に入塾してすぐにつくった「カバーオールＤＮＡ」はその後、大幅に見直して、いつでも携帯できるように手帳サイズにして社員全員に配布しています。さらに、早朝勉強会、週1回のフィロソフィー勉強会、月1回のフィロソフィー合宿、年1回のフィロソフィー論文発表会など、さまざまな機会に繰り返し伝えるようにしています。

また、ダイキチカバーオールでは盛和塾に習って、お酒を酌み交わしながらディスカッションすることを「コンパ」と呼んでいますが、そこでも経営理念について議論を重ねることがあります。もちろん、このようなイベントの場だけでなく、普段から経営理念を口にするようにしています。

最初のうち、入社間もない若い社員は「経営理念」や「フィロソフィー」「利他の心」などと聞いても、ピンとこなかったようですが、今ではずいぶん浸透したように思います。話していても手応えを感じるようになりました。

さらに経営理念を実体あるものにするには、トップが「語る」のと並行して、社員自身が「行う」のも非常に重要です。社員に思い切って仕事を任せて「やらせてみる」ということです。

もっとも、「権限委譲」は言うほど簡単ではありません。経営者仲間で話していても、「仕事は部下に任せなければならない」と言う人ほど、傍から見ていると、任せていないケースが少なくありません。とくに創業経営者はすべて自分でやってしまいがちです。私もまだ100点満点を取れているとは思っていませんが、できるだけ意識して「権限委譲」の機会をつくってきました。

ダイキチカバーオールでは、毎年の新卒採用の業務を入社1~2年目の若い社員が担当しています。単なる窓口業務だけでなく、非常に重要なマネジメント一切を思い切って任せているのです。

それは一つに、新卒者と年齢の近い社員が担当した方が、コミュニケーションが円滑になると考えたからです。しかし、もっと大きなねらいがあります。自分はまだ新人だと思っている1年目の社員を新卒者に応対させ、先輩になることを強く意識させるためです。教わる立場から教える立場に変われば、「主体性」が生まれると考えました。

「主体性」とは自分の判断で行動しようとする意思です。どんな社員でも仕事を任されて、目の前の課題を自分で解決しなければならない立場に立たされると、自然に考える習慣がつき、主体性が育まれます。そして、このとき経営理念が判断の拠り所となります。

つまり、仕事を任されて、困難な課題に直面したときに初めて、それまでトップから聞かされたり、手帳に書かれている経営理念の文言が、実感を伴って理解できるようになるのです。ときには経験不足によって、判断を誤ることもあるでしょう。しかし、間違えるという経験も適切にアドバイス、フォローしてあげれば、経営理念を血肉とするための絶好の機会だと、私は考えています。

新人社員に新卒採用の業務を任せる一方で、ベテランである地区本部のマネージャー全員には、オーナーさんとの定期面談を任せています。私自身も面談を行っていますが、立ち位置はマネージャーと横並びで、私もFC本部の面談担当者の一人にすぎません。それだけ各マネージャーに責任を持たせています。

オーナーさんとの間には、日々、さまざまな課題が生じますが、きちんと対話をしていれば、課題の7割はすぐに解決します。残りの3割を解決するには、お互いが妥協するしかありません。しかし、妥協ができるというのは、そこに信頼関係があるからで、それも普段からの対話がなせる技です。このように、マネージャーにはオーナーさんとの信頼形成という大きな役割を果たしてもらっています。

なお、仕事を任せて「やらせてみる」ことの延長線上には、社員の経営参加があります。私は今、これも積極的に進めているところです。長期経営ビジョンには分社化計画も含まれており、第5章の「社員の主体性を育てるために分社化を計画」で紹介いたします（171ページ）。

経営理念を日常的に検証することの大切さ

経営理念をいったん形にしたことで、社員もオーナーさんも、ともにイキイキと働けるFCモデルが完成しました。もちろん、時が移るにつれて、世の中の考え方も経営環境も大きく変わっていくでしょう。その中で、経営理念が形骸化していないかどうか、検証はいつの時代にも求められます。

事実、時代の変化を待つまでもなく、新しい気づきは常にあります。

経営理念をつくった頃から、私は人が本当にイキイキとするのは、単なる「お金儲け」ではなく、目標をもって仕事に打ち込んでいるときだと考えるようになりました。先ほどの例え話に当てはめると、教会を建てるという目的をもった3人目の職人が、イキイキと働いていたようにです。

私自身も「お金儲け」より、社員の喜ぶ顔を見ることが楽しみになってきました。社員旅行で空港に集まった社員たちがうれしそうにニコニコとしている、あるいは、合宿で目を輝かせて議論に熱中している、そのような社員のイキイキとした顔を見ることが経営の目的に変わってきました。だから、私は社員の能力に応じた目標やキャリアを一人ひとりに提供してきたつもりでした。

ところが、それに当てはまらない「イキイキの仕方」があることにも気づいたのです。

きっかけは、やはり盛和塾でした。

「小田さんはイキイキさせ屋とおっしゃるけれど、社員全員、本当にイキイキしているのですか？」

もう驚きませんが、あるとき、またしても唐突に根源的な問いが投げかけられました。

そこで改めて、社員一人ひとりの様子を思い浮かべたのですが、たしかに3人目の職人には当てはまらないけれど、イキイキとしている社員がいたのです。

将来、責任ある仕事を任せてもらいたいとか、多くの社員を束ねるリーダーになるのだとか、彼にはそういう覇気が感じられません。悪く言えば、向上心がない。人事評価もいまいちでした。

ところが、毎日、イキイキと働いているのは間違いないのです。聞いてみると、どうやら会社の仲間が好きで、仲間と一緒にいることが楽しいのだそうです。そして、そのような彼の存在が結果的に周囲に好影響を与えていました。彼がいることで、周囲もいっそうイキイキとしていたのです。

昔の私には考えられませんが、「イキイキさせ屋」という定義に立脚するならば、これ以上、儲けるつもりはないと考えるオーナーさんがいてもいいように、彼のような社員も当然、認めるべきだと思い至ったのでした。

私は、仕事の成果では測れない彼の存在価値を、改めて皆の前で評価することにしました。公表することで、彼を正式に認めることを伝えたのです。不思議なもので、それから彼は仕事面でも成果を上げるようになったのです。

経営理念は、日常の業務や出来事にあてはめ、常に検証することで、生きたものになるという一例です。

ダイキチカバーオールにとって、お掃除とは何か？

ところで、まだもう一つ大きな課題が残っています。

盛和塾の経営体験発表で問題提起された課題です（90〜91ページ）。

「小田さんにとって、清掃事業とはいったい何ですか？」

答えはまだ見つかっていません。

かといって、パソコンに向かって腕を組んで考え続けても、答えが見つかるとは思えません。こういうときは他社で行っている取り組みでヒントになりそうなこと、意義のあるように思えることを、とにかくやってみればいい。私は常にそのように考え、行動してきました。

その考えに従い、現在、ダイキチカバーオールでは「お掃除道」を実践しています。私も社員も毎朝、事務所の周りを実際にお掃除することで、「お掃除とは何か？」の答えが見出せないかと考えたのです。

「お掃除道」とは、イエローハットの創業者である鍵山秀三郎氏の提唱する取り組みです。鍵山氏は、会社をよくしたい、社会をよくしたいとの思いから、その第一歩としてトイレ掃除を始め、毎日、欠かさずコツコツと続けられています。見返りや成果を求めて始めたのではなかったといいます。しかし、最初は冷ややかに見ていた社員たちも、トップである鍵山氏が黙々と10年続けているうちに少しずつ見習うようになり、変わり始めたそうです。

今では「お掃除道」はイエローハットにとどまらず、世の中に広がっています。鍵山氏が創唱した「日本を美しくする会」が名古屋にあると聞いて、ダイキチカバーオールは、まず名古屋地区本部から「お掃除道」に参加しました。その後、京都地区本部、大阪地区本部でもスタートさせています。

当初は、掃除道具の選定や段取りなど要領は悪かったのですが、だんだんとスムーズにできるようになり、毎朝のお掃除も板についてきました。道行く無関心だった人たちも、「ごくろうさま」「ありがとう」と声をかけてくれるようになりました。

その後、事務所の周りだけでなく、数ヵ月に一度は、本部の最寄りの駅周辺もお掃除するようになり、最近ではお客様の物件周辺にも出向いています。いつの間にか、自然にお客様も、そこを担当しているオーナーさんも参加するようになりました。

今のところ「お掃除道」を実践していることで、「お掃除とは何か？」という問題提起の答えが見つかったわけではありません。また、今後、見つかるどうかわかりませんが、オーナーさんやお客様を巻き込んだ善循環が回り出したことは事実です。

オーナーの声4

定年後の主人と一緒に清掃業務に励む日々

Aさん
（女性、管理会社専属のマンション清掃員として4年勤務、FCオーナー歴8年）

これなら定年退職後した主人と一緒に仕事ができる！

私は以前、管理会社が所有するマンションの専属の清掃員として勤務していました。3棟のマンションを3人の清掃員が分担し、その中の一人が私でした。

そんなある日、ダイキチカバーオールのFC加盟募集のチラシを偶然、目にしたのです。

ちょうど主人が長年、勤めていた会社を定年退職し、何か次の働き口がないかと考えていた矢先のことで、迷わず「これなら一緒にできる！」と思いました。娘に相談したところ、彼女も大賛成。すぐにダイキチカバーオールに出向いて、お話をお聞きして、加盟させていただきました。

そのとき、主人がどのくらいやる気があったかは、よくわかりません。私が引っ張り込んだのです。でも、あのときから8年、主人と二人で喧嘩しながら楽しく仕事を続けてきました。それで夫婦二人がゆとりある生活ができているのですから、ダイキチカバーオールに加盟したことは大正解です。

以前の専属清掃員のときと仕事内容はそれほど変わりませんが、もちろん意気込みは全然違います。なにしろ今は、自分の責任で仕事で請け負っているのですから。使いやすい道具を自分なりに選んで、お客様にご満足いただけるよう、主人と一緒に日々、清掃業務に励んでいます。

また、自分たちのできる範囲で仕事させていただいているのも大変ありがたいことです。私たちが今請け負っているのは、マンションの日常清掃です。年に何度か実施する大がかりな床の洗浄は、ダイキチカバーオールの別のオーナーさんが請け負ってくださり、そのときは協力しながら一緒に仕事をしています。

女子会で一緒に飲んだり、気の合う女性オーナーと旅行したり

仕事とは別に、たくさんのオーナーさんと知り合って親しくなれたことも、私にはとても大きな財産です。

ダイキチカバーオールのFCでは、オーナーさん同士の交流する楽しいイベントがよく行われます。中でも、私がいつも楽しみにしているのは、本部の女性スタッフが段取りしてくれる「女子会」です。その他にもプライベートで、女性オーナーやオーナーさんの奥様方が集まる飲み会があったり、ときには揃って旅行に出かけたり。この歳になって、仕事のつながりで、これだけ多くの新しい友人ができるとは思っていませんでした。

一緒に仕事をして、一緒に遊んで。私たち夫婦にとって、ダイキチカバーオールの本部の皆さんやオーナーさんたちは、公私ともに助け合う大切な仲間です。

第5章

進化し続けるダイキチカバーオール

エリアを拡大するのではなく、深化させる

最後の第5章では、ダイキチカバーオールのFCモデルを、私がさらにどのように進化・発展させようと考えているかを紹介いたしましょう。もちろん、ダイキチカバーオールの理念や特長に照らして、一切ぶれることなく、進化・発展をめざしていることは言うまでもありません。

私は今後の展開を、着手の順番と、実現するまでにかかる時間の長さによって、3つのステージに分けて考えています。

第一のステージは、現在の清掃事業の深化です。「進化」ではなくて「深化」です。ダイキチカバーオールでは、2017年度から2021年度にかけての5年間で、北摂、伊丹、三河、加古川、岐阜の5ヵ所にリテライト（出張所）を設置する計画を立てています。この5ヵ所はいずれも、従来から営業展開しているエリア内にあります。そのエリアにはすでに地区本部が開設されているので、サテライトを

設置しなくても、すぐに困ることはありません。

では、なぜ設置するのか。

目的はただ一つ、ＣＳとＰＳを高めるためです。

ＣＳとは、ご存知のとおり、カスタマー・サティスファクション、顧客満足度のこと。ＰＳとは、パイオニア・サティスファクションの略です。ダイキチカバーオールでは、加盟していただいているオーナーさんのことを「パイオニアさん」と呼んでいます。つまり、ＰＳとは、オーナーさんたちの満足度のことです。

お客様に対しては、さらにサービスを強化する。オーナーさんに対しては、今以上に本部機能を利用してもらいやすくする。サテライトを設置するのは、ひとえにそれが目的です。

ここまでの説明で、会社を経営されている方なら、疑問を抱いているかもしれません。すでに営業展開しているエリアであり、現になくてもすぐに困らないのであれば、なぜ設置するのか。本来、プロフィットセンターであるべきサテライト（出張所）は、コストセンターのような存在に陥ってしまうのではないかと。

確かにそのとおり、短期的な売上と利益を考えれば、サテライトの設置は得策ではありません。それよりも営業の未開拓地である、中国地方や四国・九州などに設置した方が、新規のオーナーさんやお客様を獲得でき、加盟金や事業収入を伸ばすことができます。

それでも、ダイキチカバーオールとしては、現在のオーナーさんたちやお客様の満足度を高める余地がまだまだ残っていると考え、既存エリアでのサテライト設置を選択しました。営業エリアを拡大することよりも、既存エリアを深化させることを優先したのです。

これは、ダイキチカバーオールのFCモデルの理念でもあり、大きな特長でもある「利他の心」に基づく判断です。本部の売上や利益を追求する前に、まずはCSとPSを高めることにしました。

シナジー効果をねらい、不動産事業に進出

進化・発展の第二のステージは、不動産事業への進出です。これにより既存の清掃事業とあわせて、2025年に年商200億円達成をめざしています。ただし、これも「広げる」のではなく、「深める」戦略であることを説明していきましょう。

ダイキチカバーオールは現在、12000件のお客様から清掃業務を受託しています。このうち、7000件がマンションです。

マンションの清掃は比較的、小規模なものが多く、ダイキチカバーオールの主要なターゲットですので、これからさらに受託件数を増やしていきたいと考えています。そのためには、本部営業で新規契約を取られなければならないのですが、それだけでなく、ダイキチカバーオール自身でマンションを建てて、自ら清掃業務の案件を生み出してはどうか。それが不動産事業への進出を発想するきっかけでした。

賃貸住宅の市場は全体として縮小傾向にありますが、単身世帯に限れば、10年以

上、一貫して市場は拡大しています。その証拠に、大手の住宅関連企業がマンションの賃料収入、開発利益、手数料収入などを求めて、こぞって市場に参入してきました。

ダイキチカバーオールは、清掃業務というマンション管理業務の一端を長年、専門的に担ってきました。賃貸マンションの市場に参入すれば、そのノウハウが活かせます。さらに、マンションを建てれば、自ら清掃業務を創出することができます。つまり、既存の清掃業務に加えて、不動産事業を手がけることで大きなシナジー効果を見込めるわけです。

当面は、賃貸マンション事業からスタートし、各地区本部に4店舗ずつ出店する計画です。その次に、マンションデベロッパー事業に進出します。ここで新たな清掃業務を創出することになります。

ただし、新規参入のダイキチカバーオールとしては、土地が高騰しつつあり、競争も激しい都市部は避けるつもりです。比較的、土地の値段が落ち着いている郊外、人口10万人から20万人の衛星都市に目をつけています。大阪府下には守口市、泉佐野市、富田林市、箕面市など、該当する衛星都市が12都市あり、ここを営業エリアに事業展開する予定です。

ターゲットは20代から30代後半の単身世帯の男女。年収は400万円クラスの所得層です。消費者が住宅を選択する基準は、家賃、立地、デザインの3つの要素だといわれています。中でも若い世代は、雰囲気や質感といった感覚面を重視する傾向にあり、そのターゲットに向けて、あでやかに暮らせる1SDKのマンションを提供します。管理もダイキチカバーオールが行います。そして、マンションを建て、投資家に販売し、その後も必要となる清掃業務は、ダイキチカバーオールに任せていただきます。

一方、賃貸マンション事業の方が軌道に乗り出せば、これをダイキチカバーオールの得意分野であるFC化にしていく予定です。この分野ではすでにFCを展開しているる企業は少なくありませんが、どこも基本的に既存の事業者に看板（有名ブランド）を提供するだけにとどまっています。実績のある事業者にはメリットはありますが、これでは経験のない異業種は参入できません。

私は、加盟店の資金提供に対して、本部は看板だけでなくノウハウもきちんと提供することが、本来のFCのあるべきスタイルだと考えています。そのためには、ノウハウを暗黙知にとどめず、マニュアル化、工程化するのも重要です。つまり、私が計画している「FC化」とは、ノウハウのない異業種でも参入でき、従来の事業とシナジー効果を発揮していただけるスタイルを考えています。

よくいわれる一般論で私のセオリーではありませんが、事業を発展させる方法は2種類あります。一つの商品の販売先を拡大していく方法と、既存の販売先に新たな関連商品を提供していく方法です。

ダイキチカバーオールは、清掃事業のFCを全国展開していくのではなく、既存の営業エリアのCSとPSをより充実させ、さらに同じ土俵で不動産事業の展開を考えています。つまり、ここでも「広げる」のではなく、「深める」ことに重点を置いているのです。

社員の主体性を育てるために分社化を計画

進化・発展の第三のステージは、分社化です。2021年度には、1社目の分社化を実行する計画です。

「分社化」とは、ある事業部を本社から切り離し、100％ないしは過半数の株式を持つ形で、子会社として独立させることです。私が今、代表取締役社長を務めているダイキチカバーオール株式会社もダイキチのカバーオール事業部を分社化して誕生した会社です。株式会社ベレーロも、以前、私が関わっていた頃にフラワー事業部を分社化したものです。

社員に経営理念を体得させ、主体性をもって仕事をさせるには、仕事を任せればいいと述べましたが（第4章「権限委譲で社員は大きく成長」）、分社化は究極的に仕事を任せる方法だといえます。子会社を任された新しい分社経営者は、存分に主体性を発揮しなければ、分社後の子会社を成長・発展させることはできません。

例えばですが、ダイキチカバーオールの名古屋地区本部を分社化したとしましょう。その子会社を任された新社長Aさんは、名古屋地区本部の経営のすべての責任を背負うことになります。分社化する前、名古屋地区本部の本部長だったときも、もちろんAさんは名古屋地区本部に責任を持っていました。しかし、そのときの最終責任は、ダイキチカバーオールの社長である私のもとにありました。それが分社後は、私は親会社の経営者、そして先輩の経営者としてAさんにアドバイスすることはできますが、最終的にはAさんがすべての経営責任を負わなければなりません。

それだけに事業部の段階で、Aさんの能力や資質を慎重に判断することが重要です。また、分社化した後も収益を上げることが期待できるだけの実績を残さなければ、分社化には踏み切れません。事業部の責任者であるうちに経営者としての才覚を磨き、覚悟を持っておかないと、分社化後に事業を軌道に乗せて安定した収益を上げ続けることはできないでしょう。

しかし、分社化して経営者になることは、まったくゼロから起業するのとは異なり、資金面をはじめ、親会社の強力なバックアップのもとにスタートできるという大きなメリットがあります。親会社にとっても、大切な社員の成長を促し、事業も拡大できるのは大きなメリットです。

いくら経営手腕にたけた経営者でも、一人でできることは限られています。事業を拡大するのは、経営を共にする同志が必要です。私はダイキチカバーオールのさらなる発展に向けて、分社化は非常に有効で、かつ必須の戦略だと考えています。

経営者に必要な3つの資質

こうして話を進めてくると、事業を拡大するという目的において、FCと分社化はよく似ていることがわかります。そこで最後に、FCのオーナーさんにとっても、分社経営者にとっても、私が必要だと考える3つの資質についてお話しいたしましょう。「資質」と書きましたが、決して先天的なものではなく、意識して努力すれば誰にでも後天的に得られるものです。

第一に、最後まであきらめない情熱や執念を持ち続けることです。「絶対に成功する秘訣は、成功するまでやり続けること」だと言われることがあり、一見、詭弁のようですが、私は真実を含んでいると思います。

私は大学も出ていませんし、決して出来のいい人間ではありません。私より優秀なビジネスパーソンは山ほどいます。では、彼らが全員、成功しているかというと、むしろビジネス上での成功者はそれほど多くはないでしょう。それは才能がすべてではないことを証明しています。

そもそも人間の才能に、それほどの差はないはずです。プロの世界では、スポーツでも囲碁や将棋などでも、紙一重で勝敗が分かれます。わずか1センチ、わずか1秒、あるいは、たった一手の違いです。そのわずかな違いは、才能の差以上に、どうしても勝ちたいという情熱や執念から生まれるのだと思います（それも含めて、才能というのかもしれませんが）。

ビジネスにおいても、ひたすらコツコツと継続する情熱、何度失敗を繰り返してもチャレンジを続ける執念が、成功する秘訣だと私は確信しています。

第二に必要なものは、信念です。

会社を経営していると、何が正しい選択なのか、思い悩む場面に何度も直面するでしょう。どんな選択をしても間違った方向に行きそうで、身動きが取れなくなることがあるかもしれません。それでも経営者は決断を下して前進することが求められます。

そんなときには、経営理念に則して決断し、それが正しいとの信念を貫いて実行することが大切です。

そもそも難しい選択を迫られたとき、唯一絶対の正解などありません。事業を続けるのか、撤退するのか、いずれも正しい答えになり得ます。多額の融資を受けて事業を拡大するのか、手元の資金で試験的に始めるのか、どちらも間違いではありません。

迷いを吹っ切るのは、決断した方が正しい答えなのだという信念です。

第一の情熱や執念も、第二の信念も個人のうちに秘めたものですが、成功するにはそれだけでは足りません。

第三に必要なのは、ごくオーソドックスなものですが、周りの人たちの協力とそれに対する感謝の気持ちです。

経営者の最大の喜びは、社員をはじめとする関係者の成長を見ることができることです。もちろん、経営者の大きな役割の一つは、高い収益を安定的に出し続けることですが、数字だけにこだわったり、自分の稼ぎだけを追い求めるようでは、経営者として不適格だと思います。

人の成長を喜べるようでないと社員はついてきません。それは中長期的に見れば、経営にとって大きなダメージになります。経営者は一人ですが、事業を成功に導くのは、社員をはじめとする関係者の協力が絶対に必要だからです。

そして、経営者はそのことに感謝する気持ちも忘れてはなりません。かつて稼ぐことに夢中になり、成功だけが目的になって「勝てば官軍」だと思っていた私が言うのですから、間違いありません。

社員だけではありません。オーナーさん、お客様、取引先の皆様の協力があって、ダイキチカバーオールは事業を続けることができています。だから、まずは皆さまの喜ぶ顔を見るために「利他の心」をもって経営することが大切であり、結果的にそれがダイキチカバーオールの今後の成功の鍵を握っていると思います。

2025年に売上高200億円をめざして

ダイキチカバーオールは、2015年度に売上高43億円を計上しました。同時に長期経営ビジョンを策定し、10年後の2025年度に年商200億円、経常利益20億円達成をめざしています。また、そこに至るプロセスを3つのステージに分けて計画を立案しています。

第一ステージが「既存の清掃事業の深化」、第二ステージが「不動産事業への進出」、第三ステージが「分社化」です。それぞれのステージで実現すべき具体的な目標は、第5章のここまでの記述で説明してきたとおりです。

もちろん、年商200億円、経常利益20億円という数字は、長期経営ビジョンを成し遂げた結果として、達成できる目標です。200億円、20億円が目的になってしまっては本末転倒です。

間違ってもそのようなことにならないように、長期経営ビジョンのめざすべき目的を次のように明確に設定しています。

■2025年長期経営ビジョン／行列のできる企業へ
1.（オーナーさんが）日本一加盟したい！【生きがい提供業】
2.（お客様が）日本一任せたい【環境創造業】
3.（社員が）日本一働きたい【やりがい提供業】

2016年度は、この長期経営ビジョン実現に向けたスタートの年度に当たります。

ダイキチカバーオールのＦＣは、日本の他のＦＣにはないオンリーワンのモデルですが、まだ事業規模は小さく、社会的には微力です。しかし、日本のＦＣを変革するという私の夢はとてつもなく大きく、夢の実現に向けて、さらに次の一歩を踏み出しました。

本書を読んで共感いただけたなら、日本のＦＣ変革に向けて、そして、日本全国がイキイキとするように、ぜひ一緒に取り組んでいきましょう。

オーナーの声5

頼りない私でも受け入れてくれたダイキチカバーオール

蓬正紀
（47歳男性、電気工事の会社に8年勤務、FCオーナー歴5年）

将来を考えているときに出会った小田社長

私は、ダイキチカバーオールのFCに2012年に加盟しました。それまでは、電気工事の会社に勤めていました。

会社員を辞めて、何か自営の仕事を始めようと思ったきっかけはバイク事故にあったことです。会社帰りに事故にあって、頚椎損傷になり、いろいろと将来のことを考えるうちに、このままでいいのかと不安がふくらんでいきました。

ただ、サラリーマンの経験しかなく、本当に自営業でやっていけるだろうか。人一倍、鈍くさい方なので、ちゃんと仕事をこなせるようになれるだろうか。本部との初めての面談で、洗いざらい本音を打ち明けました。厳しく仕込んで一人前にしてほしいとお願いしたことも覚えています。

加盟してどれだけ稼ごうだとか、どのくらいの規模の会社にまで発展させたいだとか、具体的な計画はありませんでした。不安だらけだけど、人生を変えるつもりで、とにかく一生懸命がんばる。それだけでした。今から思うと、頼りない話だったと思います。

でも、ダイキチカバーオールは、そんな私を受け入れてくれました。

おかげさまで、実際に清掃の仕事を始めてみると、徐々に力をつけているのが自分でもわかるほど、成果が上がり出しました。加盟したばかりのときは、清掃の機械や道具を初めて見る私でしたが、今ではお客様から「いつもありがとう」と感謝の言葉をかけていただけるまでになりました。

フランチャイジーである私たちがもっと問題意識をもって

本部が営業をして、仕事を確保してくれるダイキチカバーオールのFCはたいへんありがたいですが、それだけにとどまりません。

本部はフランチャイジーである私たちの生きがいや健康、休日のことなど、いつも気にかけてくれています。小田社長からも、1年に一度は必ずご連絡いただき、「がんばってるか」と声をかけてくださっています。

仕事に自信が出てきたからでしょうか、加盟して2年後に結婚することもできました。今は長男にも恵まれて、3人家族で幸せに暮らしています。はっきり言って、収入もサラリーマン時代よりかなり増えました。

ダイキチカバーオールには感謝以外に何もありません。

本当にありがとうございます。

本部に何か要望はありませんかとよく聞かれますが、基本的に今の環境の中で常に問題意識をもって考えなければならないのは、むしろ、フランチャイジーの方だと私は思っています。

ダイキチカバーオールという組織にあって、仕事とは何か、生きる喜びとは何か。私たちフランチャイジー自身が、真摯に自問自答することが重要ではないでしょうか。

おわりに

第5章で「経営者に必要な3つの資質」をあげましたが（173〜177ページ）、実を言うと、もう一つ必要な資質があります。これは、経営者に限らず、新入社員からベテランの会社員まで、人生を充実して生きるために必要な資質だと思っています。

それは、他人のしていることでよいと思うことは、すぐにモノマネすることです。

私はサラリーマンの頃も経営者になってからも、成功したこともあれば、失敗したことも数知れずあります。中には、非常に大きな失敗もあります。それでも今、まがりなりにも年商43億円の会社を経営できているのは、一つの得意技を持っているからだと思っています。それがモノマネすることです。

ベレーロの時代にはカバーオールのＦＣを真似て、製販分離の仕組みを採り入れました。ダイキチカバーオールでＣＴＩや「営業プロセス管理システム」を採用したのも、他社がやっていてよいと思ったからです。これらはほんの一部で、本書では紹介していませんが、私はこれまでに他社が取り組んでいるさまざまなことを真似して採り入れてきました。

10個のアイデアを考え出すのは、至難の技です。しかし、10個のアイデアを真似るのは、今からでもすぐにできます。モノマネほど簡単で効率的な方法はありません。どの会社でもどんどんモノマネをしてよさそうなのに、それほど多く見かけないのは、ちょっとしたハードルがあるからだと思います。

そのハードルの一つがプライドです。

「あんな小さな会社がやっていることを真似できるか」だとか、「部下の真似などできるか」と思ってるからではないでしょう。プライドを前に出しすぎるのは、進歩の大きな邪魔になります。ここは無理をしてでも素直に実行するべきです。あなたが気にしているほど、周りはあなたのことを気にしていませんから。

もう一つのハードルが猜疑心です。

「本当にこれでうまくいくのだろうか？」

猜疑心の解決方法は簡単です。四の五の言わずにやってみることです。それでうまくいかなければ止めればいいのです。うまくいくかどうかを疑って悩んでいる間に、結論は出るはずです。

本書では、ダイキチカバーオールのFCモデルを紹介しました。このモデルができ上がるまでの経緯や独自性などを解説してきました。

読者の皆様は、共感していただける箇所だけでなく、納得のできない箇所もあるかもしれません。日本の一般的なFCには見られない考え方や方法論も多いため、ご批判いただくことがあっても不思議ではありません。もしも、ご批判をお聞きできるような機会があれば、真摯に受け止めたいと思っております。

その一方で、一つでも参考にしていただける点がありましたら、ぜひとも、すぐにモノマネしていただければと思います。

私はダイキチカバーオールの、この新しいFCモデルこそ、日本のFCビジネスの今後の発展を促すモデルだと自負しています。ダイキチカバーオール1社だけにとどまらず、本書を読んで賛同していただける方がいらっしゃれば、このモデルの普及に一緒に取り組んでいただきたいと思っています。

本書は、すでにどこかのFCに加盟している方、これから加盟しようと考えている方、また、ダイキチカバーオールのライバルになるかもしれない他のFC経営者やそこで働く社員の方々に向けて執筆いたしました。将来、どこかでお会いする機会がありましたら、「小田さんの本を読みましたよ」と、ぜひ気軽にお声がけください。

最後になりましたが、私のような者がダイキチカバーオールという会社の経営を任されて、FCビジネスについての著書を出版できるのも、ダイキチの松井信博会長に長年、叱咤激励、ご指導いただいたおかげです。松井会長との出会いがなければ、今の私はありません。もちろん、松井会長だけでなく、多くの方々のご支援があったからこそ、私はこうして清掃事業を通して、微力ながら世の中に貢献できています。この場をお借りして、皆様方に心より感謝いたします。

人は成功すると慢心しがちですが、成功したときこそ、「感謝の気持ち」を忘れてはならない。このことも松井会長や盛和塾で学んだ大切なことです。

自分だけの成功だけで満足し、そこに甘んじているようでは、仮に一時期、事業が発展し、好調な業績が続いていても、それは本当の成功とはいえません。それでは、自分に続く若い人たちを育てられません。人材育成という経営者の最も大切な役割を果たしていないからです。

そういう意味では、松井会長をはじめ多くの方々から学ばせていただいた私は、今度は若い社員、若い人たちに「感謝の気持ち」の大切さを伝える番です。日頃の仕事を通して、ダイキチカバーオールの若い社員に接しているように、この本を通じて、若い読者に少しでも私の思いを伝えることができたなら、これほどうれしいことはありません。

最後までお読みいただき、たいへんありがとうございました。

小田吉彦 (Yoshihiko Oda)

ダイキチカバーオール株式会社　代表取締役社長

大阪府生まれ。高校卒業後家業の土木業に携わった後、不動産会社の営業職に就く。バブル期前後の企業の浮沈を体験し、経営の難しさを知る。1992年、株式会社ダイキチ入社。入社と同時に新規事業フラワー事業部の事業部長に任命され、さまざまな営業方法を取り入れて業績を大幅に伸ばし、1996年11月には分社制度により法人化に成功。株式会社ベレーロの取締役営業部長となる。
1999年6月、カバーオール事業部営業部長に就任。2002年6月、同事業部のダイキチカバーオール株式会社としての分社とともに、同社代表取締役社長に就任。著書に『定年後の仕事と生活――もっと自由に！　もっと楽しく！　もっと豊かに！』(ダイヤモンド社)、『年商20億円社長が教える「これが商いだ！」――人を伸ばせば、会社も自分も伸びる』、『増収増益社長が教える「これが商いだ！」』(以上、同文館出版)、『凡人だから成長する！ 社員がイキイキと働くマネジメント術』(出版文化社)がある。

※ダイキチカバーオール株式会社では、いつでもベンチマーキング（会社見学）を受け付けております。
お問い合わせは、下記まで。

ダイキチカバーオール株式会社
〒542-0082　大阪府大阪市中央区島之内1-13-28　ユラヌス21ビル
〔大阪本社〕TEL：06-6241-7350　FAX：06-6241-7351
URL：http://www.coverall.co.jp/

イキイキさせ屋　増収増益を続ける会社のビジネスモデル

2017年2月20日　初版第1刷発行
著　者　　小田 吉彦
発行所　　株式会社 出版文化社
〈東京本部〉
〒101-0051 東京都千代田区神田神保町 2-20-2 ワカヤギビル 2F
TEL 03-3264-8811（代）　FAX 03-3264-8832
〈大阪本部〉
〒541-0056 大阪府大阪市中央区久太郎町 3-4-30 船場グランドビル 8F
TEL 06-4704-4700（代）　FAX 06-4704-4707
〈受注センター〉
TEL 03-3264-8811（代）　FAX 03-3264-8832
E-mail　book@shuppanbunka.com
発行人　　浅田 厚志
印刷・製本　株式会社シナノパブリッシングプレス

Directed by Kentaro Nakamura　Co-edited by Kazuma Mori
ISBN978-4-88338-615-4　C0034